# GEORGES STRAKA

Notice biographique et bibliographique

*Photo Marie-Aude Straka-Brutter*

CENTRE INTERNATIONAL DE DIALECTOLOGIE GÉNÉRALE

BIOBIBLIOGRAPHIES ET EXPOSÉS

N.S. 2

# GEORGES STRAKA

## Notice biographique et bibliographique

par P. SWIGGERS

suivie de l'exposé:

*« Problèmes de chronologie relative »*

LEUVEN
CENTRE INTERNATIONAL DE DIALECTOLOGIE GÉNÉRALE
Blijde-Inkomststraat 21
1993

# AVANT-PROPOS

L'œuvre de Georges Straka couvre plusieurs domaines: la phonétique générale, la linguistique romane, l'édition de textes et la critique littéraire de textes médiévaux. Elle s'appuie d'une part sur un enseignement privé – reçu de son père – et d'autre part sur le contact, direct et indirect, avec de grands maîtres: Křepinský, Chlumský, Roques, Millardet, Jeanroy, Bruneau et plus tard von Wartburg. Mais en même temps il y a dépassement de l'héritage: on doit à Georges Straka de nombreuses études innovatrices en phonétique expérimentale, ainsi que des travaux importants sur la phonétique historique du français et du gallo-roman en général. Sa solide formation de phonéticien lui a permis d'élaborer une explication des principales évolutions, vocaliques et consonantiques, qui jalonnent le passage du latin vulgaire aux langues romanes: ces travaux, réunis dans le recueil *Les sons et les mots* (1979), sont basés sur les principes d'une théorie développée par Elise Richter et Max Křepinský et que Georges Straka a mise au point: celle de la chronologie relative des évolutions phonétiques. On lira ici les réflexions de l'auteur sur ce que cette théorie a permis d'expliquer, sur ses possibilités et ses limites.

En dépit de nombreuses circonstances rendant difficile le travail scientifique, Georges Straka a réussi à constituer une œuvre très vaste, où se démarquent d'importantes études monographiques, les éditions de textes francoprovençaux – sujet de prédilection de l'auteur – et des contributions très précises en dialectologie et en lexicologie. On y ajoutera encore les nombreux volumes que Georges Straka a édités avec soin, et qui font le point sur des thèmes variés de la linguistique générale et romane: enquêtes dialectologiques, atlas régionaux, linguistique catalane, les anciens textes romans non littéraires, linguistique franco-canadienne, etc. Une grande partie de l'activité de Georges Straka a été au service des disciplines qu'il pratique, et au service de ses collègues et de jeunes qu'il a formés. La notice biobibliographique permettra d'apprécier à sa juste valeur l'envergure et l'importance de cette œuvre scientifique.

À travers cette œuvre apparaît une constante fondamentale: le souci de la précision, de l'exactitude dans la description (et l'explication) des faits authentiques. Cela explique pourquoi Georges Straka ne pose pas de clivage entre linguistique et philologie: les deux disciplines se nourrissent et s'harmonisent. Elles ne se séparent que quant aux résultats et au public visé, mais se recoupent au plan de la méthodologie et des exigences scientifiques. Ces exigences, Georges Straka les a imposées à lui-même et aux publications qu'il a dirigées; parmi celles-ci, une place spéciale revient à la «Bibliothèque française et romane» et aux revues *Travaux de Linguistique et de Littérature* et *Revue de Linguistique romane*. Le «Centre international de Dialectologie générale» lui est aussi reconnaissant d'avoir assuré la continuation, en 1961-1962, de la revue *Orbis* après la mort prématurée de Sever Pop.

*P. Swiggers*
*F.N.R.S. belge*

# Georges Straka:
## Notice biographique et bibliographique

par

## P. SWIGGERS

# GEORGES STRAKA: NOTICE BIOGRAPHIQUE

Georges Straka est né à Tábor, en Bohême, le 22 octobre 1910. Son père, Joseph Straka, éminent philologue et médiéviste, est son premier maître: il inculque à son fils le goût de l'approche scientifique des langues et de leur histoire. Après des études au Lycée de Tábor et à l'Université Charles IV de Prague – où il reçoit l'enseignement de Max Křepinský et de Joseph Chlumský –, Georges Straka se rend à Paris. À partir de 1934, il suit des cours à la Sorbonne, à l'École Normale Supérieure, à l'École Pratique des Hautes Études, au Collège de France et à l'École des Langues orientales, chez des maîtres comme Mario Roques, Georges Millardet, Oscar Bloch, Pierre Fouché, Joseph Bédier et Joseph Vendryes. Le jeune étudiant tchèque est bien, aux yeux de ces maîtres, une personnalité à part parmi les auditeurs de leurs cours et séminaires: Straka est déjà reconnu comme une autorité en philologie romane et en phonétique, auteur de plusieurs articles et comptes rendus (dans *Neuphilologische Mitteilungen*, *Časopis pro moderní filologii*, *Naše řeč*) et d'une importante thèse de doctorat (*Contribution à l'amuïssement des consonnes finales en ancien français*, Prague, 1934), et comme collaborateur actif à deux encyclopédies tchèques (*Ottův Naučný Slovník*; *Naučný Slovník Aktualit*). À Paris, Straka se lie d'amitié avec plusieurs de ses maîtres, comme Alfred Jeanroy et Charles Bruneau, et avec ses compagnons d'étude Pierre Gardette et Albert Henry, qui resteront ses amis fidèles.

Entre 1933 et 1940, Georges Straka est officiellement assistant de phonétique à l'Université de Prague, puis boursier du gouvernement français à Paris, professeur de tchèque aux Sociétés savantes, professeur au Lycée de Prague-Vinohrady et au Lycée français de Prague, et enfin chef de section au Ministère de l'Information du gouvernement tchécoslovaque à Paris. En 1940, Straka est nommé lecteur de tchèque à l'Université de Strasbourg, établie alors à Clermont-Ferrand, et dès le début de l'année suivante, il est chargé de cours de phonétique. Au cours des premières années de la deuxième guerre mondiale, il publie quelques articles de haute qualité dans le domaine de la phonétique romane et générale: «Sur la définition du phonème» (1941), «Voyelle et consonne, mise au point de la question relative à la distinction des deux groupes» (1941), «Notes sur la vocalisation de l'*l*» (1942), et «Notes de phonétique générale et expérimentale» (1942)[1]. En même temps, Straka

---

[1] Voir, pour ces titres et les suivants, les références complètes dans la «Notice bibliographique».

s'occupe de dialectologie en faisant des enquêtes sur le terrain dans le
Forez, où il s'était retiré avec sa femme. Ce n'est qu'après la guerre
qu'il pourra publier les résultats de ces recherches: «À propos de la
limite linguistique entre le Forez proprement dit et le Forez lyonnais»
(1946), «Le polymorphisme de l'*r* dans la Haute-Loire» (1947; en
collaboration avec P. Nauton), *Poème contre une mission prêchée à
Saint-Étienne (Loire) en 1821* (1954), «Contribution à l'étude du
vocabulaire du parler francoprovençal de Saint-Étienne (Loire)» (1958),
les *Poèmes du XVIIIᵉ siècle en dialecte de Saint-Étienne (Loire)* (1964; 2
tomes)[2], et «Un poème anonyme en dialecte de Saint-Étienne du début
du XIXᵉ siècle» (1990).

Le 25 novembre 1943, Straka est arrêté par la Gestapo à Clermont-
Ferrand; on le déporte à Compiègne, et de là au camp de concentration
de Buchenwald. À Buchenwald, il se distingue par son honnêteté
intellectuelle, son courage, son humanisme et son don de l'amitié[3]: au
péril de sa vie, il sauve de la mort un grand nombre de déportés
français (cf. *Journal officiel*, 23 juin 1949). Il sera nommé dans l'ordre
national de la Légion d'Honneur (chevalier en 1949, officier en 1977) et
honoré de la Médaille de la Résistance française (1946) et de la Croix
de guerre avec palme (1948).

Libéré le 11 avril 1945, Georges Straka reprend son enseignement à
l'Université de Strasbourg. En 1947 il est nommé maître de conféren-
ces; il fonde l'Institut de Phonétique, qu'il dirigera jusqu'en 1966. C'est
le début d'une longue série d'articles basés sur la méthode expérimentale, dans les domaines de la phonétique générale et de la phonétique
française (diachronique et synchronique)[4]. La phonétique est bien le fil

---

[2] L'édition du *Poème contre une mission prêchée à Saint-Étienne* contient, outre une
étude philologique et l'édition du texte avec une traduction très précise, une importante
étude linguistique (phonétique, morphologie et syntaxe, p. 69-156) et un glossaire (p. 157-
172). Le premier tome (702 pages) des *Poèmes du XVIIIᵉ siècle en dialecte de Saint-Étienne*
contient une introduction avec bibliographie, une édition critique, avec un commentaire
philologique et linguistique très approfondi, des différents poèmes (I. *Poèmes en l'honneur
du jeu de l'arc*; II. *Cycle de Jacques Belle-Mine*; III. *Comédie de Tiève et Liaudène*; IV.
*Poèmes divers de l'abbé Antoine Thiollière*; V. *Les Noëls de l'abbé Antoine Thiollière*; VI.
*Le chansonnier Georges Boiron*; VII. *Deux chansons anonymes: La Basana et la Marlu-
roun*; VIII. *Poème sur la Révolution à Saint-Étienne*); le deuxième tome comprend le
*Glossaire*. Cette dernière publication est une contribution fondamentale à la dialectologie
francoprovençale et constitue un modèle pour la publication de textes dialectaux.
[3] Cf. quelques témoignages dans *Remise des Mélanges de phonétique et de linguistique
romanes offerts à M. Georges Straka, le 30 mai 1970* (Strasbourg, Centre de Philologie et
de Littératures romanes, 1970) et dans *Hommage à M. Georges Straka à l'occasion de son
départ à la retraite le 22 juin 1979* (Strasbourg, Centre de Philologie et de Littératures
romanes, 1979).
[4] Voir par exemple: «Système des voyelles du français moderne» (1950); «Quelques
observations phonétiques sur le langage des femmes» (1952); «La prononciation parisienne, ses divers aspects et ses traits généraux» (1952); «Observations sur la chronologie

rouge dans la carrière scientifique de Georges Straka, nommé professeur titulaire de phonétique générale et expérimentale à Strasbourg en 1959. L'autorité qu'il a acquise dans ce domaine à partir des années 1940, se consolidera au cours des décennies suivantes[5], avec des publications de haute valeur, parmi lesquelles il faut mentionner en premier lieu l'*Album phonétique* (1965), véritable manuel de phonétique générale. Entre 1978 et 1983, Straka publie des études sur le classement articulatoire des voyelles (1978), sur la valeur phonétique de graphies médiévales (1980) et sur la formation de la prononciation française d'aujourd'hui (1981, 1990).

Si la phonétique occupe une place prépondérante dans les publications de Georges Straka, elle n'éclipse pas son œuvre de romaniste et de philologue. À partir de 1966 la philologie romane et la géographie linguistique prennent une place de plus en plus large dans les travaux de Straka: après avoir assuré, à partir de 1960, la direction du Centre de Philologie et de Littératures romanes, le titulaire de phonétique générale et expérimentale est nommé professeur de philologie romane[6]. Sous sa direction le Centre connaît une période de floraison: fidèle à l'ancienne tradition philologique, préconisant la complémentarité des études linguistiques et littéraires, Straka fait du Centre un lieu de recherche et d'enseignement en philologie romane qui n'a pas son égal. Le Centre se donnait pour tâche de former des chercheurs qualifiés et de «promouvoir la recherche dans l'*ensemble* des domaines relevant des

---

et les dates de quelques modifications phonétiques en roman et en français prélittéraire» (1953); «Notes de phonétique générale et française» (1954-1956); «Remarques sur les voyelles nasales, leur origine et leur évolution en français» (1955); «La dislocation linguistique de la Romania et la formation des langues romanes à la lumière de la chronologie relative des changements phonétiques» (1956); «Respiration et phonation: deux chapitres d'introduction phonétique à l'étude des langues» (1957); «Phonétique et physiologie» (1961).

[5] Pour les années 1960, il faut signaler encore les travaux suivants dans le domaine de la phonétique historique du français et des langues romanes: «Durée et timbres vocaliques. Observations de phonétique générale appliquées à la phonétique historique des langues romanes» (1961); «L'évolution phonétique du latin au français sous l'effet de l'énergie et de la faiblesse articulatoires» (1964); «Contribution à l'histoire de la consonne *r* en français» (1965); «Naissance et disparition des consonnes palatales dans l'évolution du latin au français» (1966); «Sur la date de l'amuïssement du *-t* final non appuyé en ancien français» (1966); «Contribution à la description et à l'histoire des consonnes *l*» (1968); «À propos des traitements de -ICU et -ICA dans les proparoxytons en français» (1970).

[6] La chaire de philologie romane à Strasbourg avait été occupée auparavant par Eduard Böhmer (1873-1879), Gustav Gröber (1880-1909), Wilhelm Cloëtta (1909-1910), Oskar Schultz-Gora (1911-1918), Ernest Hoepffner (1919-1948), Paul Imbs (1948-1960) et Gérard Moignet (1961-1965).

études romanes: autant en linguistique qu'en littératures des pays de
langues romanes; autant en linguistique diachronique qu'en linguistique
synchronique; autant en linguistique romane comparée qu'en linguistique de chacune des langues concernées; autant en étude des langues
écrites et, plus spécialement, littéraires qu'en celle des langues parlées;
autant en dialectologie et géographie linguistique qu'en étude de
niveaux de langue et en sociolinguistique; autant en philologie médié-
vale qu'en philologie de textes modernes, voire dialectaux; autant en
statistique linguistique qu'en stylistique littéraire; autant en littératures
romanes médiévales qu'en littératures classiques, modernes et contemporaines»[7]. Grâce à l'organisation de séminaires interdisciplinaires, les
enseignants et étudiants du Centre ont toujours été à la pointe des
recherches philologiques, disposant de la documentation la plus ample
et de l'information méthodologique la plus récente et la plus approfondie. Les séminaires dirigés par les professeurs (associés et invités) du
Centre ont permis aux étudiants de présenter leurs propres travaux et
ont été à l'origine d'une très riche série de thèses de troisième cycle et de
thèses d'État. En outre, les jeunes chercheurs de Strasbourg ont eu la
possibilité de publier leurs travaux dans les revues du Centre, parmi
lesquelles il faut mentionner surtout le *Bulletin des jeunes romanistes*,
unique en son genre, que Straka a dirigé avec dévouement[8]. Pour
assurer à ses étudiants une formation solide, Straka a organisé, annuel-
lement, des voyages d'étude: au Centre d'Étude du vocabulaire français, au Laboratoire d'analyse lexicologique, au Trésor de la langue
française, à Lyon, à Poitiers et en Provence. Comme professeur de
philologie romane[9], Georges Straka a mis à la disposition des étudiants
du Centre une série d'instruments de travail très utiles, tels que *Cours
de linguistique romane: Textes d'étude* (1967; deuxième éd. 1978), *Choix
de textes français du Moyen Âge à l'usage des cours et travaux pratiques
d'ancien et moyen français* (1970), *Cent chansons de troubadours* (1974)
et *Choix de chansons et de sirventés en ancien occitan sur le thème de la
chevalerie* (1978). De plus, Straka a organisé des stages au Centre pour
les assistants et étudiants d'universités étrangères, et il a été directeur
des Cours pour étrangers (1948-1966) et des Cours d'été (1950-1981) à
l'Université de Strasbourg.

---

[7] G. Straka, «Le Centre de 1960 à 1980», dans *Centre de Philologie et de Littératures
romanes. 25ᵉ anniversaire: Bilans et perspectives*, fasc. 25-26, Strasbourg 1980-1981, p. 18.

[8] Signalons encore que le Centre a organisé le Xᵉ Congrès international de Linguistique et Philologie romanes en 1962 (actes publiés en 1965), et qu'il a organisé des
colloques internationaux sur des problèmes de linguistique générale et romane.

[9] À partir de 1966, l'enseignement de Straka fut consacré à l'ancien français, à
l'histoire et la grammaire historique du français, à la linguistique comparée des langues
romanes, à l'ancien occitan et à l'occitan moderne.

Admis à la retraite en 1979, Georges Straka n'a cessé de diriger des revues, comme les *Travaux de Linguistique et de Littérature* (continués maintenant par G. Roques et G. Kleiber sous le titre *Travaux de Linguistique et de Philologie*) et la *Revue de Linguistique romane*, dont il a pris la direction de 1980 à 1992; fidèle à sa devise[10], il continue à publier des travaux scientifiques et à collaborer à d'importantes entreprises collectives. Il est membre associé de l'Académie royale de Belgique et de l'Académie de Finlande, ainsi que correspondant de l'Académie de Heidelberg et de l'Académie des Inscriptions et Belles Lettres à Paris.

*

*    *

Dans l'œuvre de Georges Straka, les études de chronologie relative occupent une place particulière. Déjà dans sa thèse de doctorat, Straka s'était appliqué à suivre, de façon détaillée, la chronologie de l'amuïssement des consonnes finales en ancien français. Mais c'est dans les années 1953 à 1966 que la problématique de la chronologie relative des changements phonétiques occupe l'avant-plan dans la recherche de Straka: en témoignent les nombreux articles parus au cours de ces années, parmi lesquels se dégagent «La dislocation linguistique de la Romania et la formation des langues romanes à la lumière de la chronologie relative des changements phonétiques» (1956) et «L'évolution phonétique du latin au français sous l'effet de l'énergie et de la faiblesse articulatoires» (1964)[11]. Comme on trouvera ci-dessous une appréciation rétrospective par l'auteur lui-même, nous nous bornerons à dégager l'apport méthodologique des études de chronologie relative.

Depuis Meyer-Lübke (*Romanische Lautlehre*, 1890 et *Historische Grammatik der französischen Sprache*, 1908), le rapport chronologique entre les différents changements phonétiques survenus dans l'histoire des langues romanes a reçu l'attention des linguistes et philologues.

---

[10] «En effet, entre nos maîtres qui nous ont précédés et nos élèves qui nous succèderont, nous avons – et je ne fais que répéter ce que j'ai écrit naguère – une grande mission à accomplir: faire progresser, par nos recherches personnelles, la science qui nous a été transmise et la transmettre ensuite approfondie, plus développée, avec de nouvelles perspectives à l'horizon, aux jeunes générations qui, à leur tour, devront en faire autant plus tard. Le travail de recherche et la formation scientifique des jeunes constituent la *seule* véritable mission d'un universitaire: c'est là *seule* chose qui doive compter dans l'Université et nous sera finalement comptée à nous-mêmes» (*Hommage à M. Georges Straka à l'occasion de son départ à la retraite le 22 juin 1979*, o.c., 209).

[11] Voir aussi «Observations sur la chronologie relative et les dates de quelques modifications phonétiques en roman et en français prélittéraire» (1953), «Quelques contributions à la chronologie relative des changements phonétiques en français prélittéraire» (1959) et «Remarques sur la 'désarticulation' et l'amuïssement de l'*s* implosive» (1964).

Cependant, à quelques exceptions près (Elise Richter, Max Křepinský), les recherches diachroniques portaient le plus souvent sur la datation des changements à partir des documents écrits, alors que les rapports entre ces changements n'étaient pas étudiés en détail. Or, l'analyse des relations chronologiques entre les différents changements phonétiques présuppose une solide base phonétique et linguistique. Georges Straka s'est rendu compte de la nécessité et de l'importance cruciale des travaux de chronologie relative; c'est lui qui a ouvert de nouvelles perspectives en fixant le cadre méthodologique de ce type de recherche.

C'est ainsi que l'auteur, en se basant sur un examen attentif des *possibilités de changement phonétique* et des évolutions réelles, propose la chronologie relative suivante pour l'évolution du latin depuis le premier siècle de notre ère:

(1) allongement des voyelles accentuées en syllabe libre;
(2) a. diphtongaison de $\varepsilon$ accentué (cf. *tɛpedu* > *tjɛpedu*)
    b. affaiblissement des voyelles finales des proparoxytons en ė (cf. *tjɛpedu* > *tjɛpedė*)
(3) syncope de la voyelle posttonique entre *m* et *t* (cf. *kɔ̃metė* > *kɔ̃mtė*)
(4) abrègement, devant l'entrave secondaire *mt*, des voyelles accentuées, antérieurement allongées (cf. *kɔ̃mtė* > *kɔ̆mtė*)
(5) diphtongaison de ɔ libre (cf. *mɔla* > *mwɔla* vs. *kɔ̆mtė*: diphtongaison bloquée)
(6) syncope de la voyelle posttonique entre *v* et *ta* (cf. *debita* > *debeta* > *deveta* > *devta*)
(7) sonorisation des consonnes intervocaliques *t*, *p*, ... (cf. *kovetė* > *kovedė*)
(8) affaiblissement de *b* intervocalique secondaire en *w*; ensuite *w* > *v* (cf. *tjɛpedė* > *tjɛbedė* > *tjɛvedė*)
(9) syncope de la voyelle posttonique entre *w* et *dė*, et entre *n* et *vė* (cf. *kovedė* > *kōvdė* )
(10) abrègement, devant l'entrave secondaire *vd* et *nv*, des voyelles accentuées, antérieurement allongées (cf. *kōvdė* > *kŏvdė*)
(11) diphtongaison des voyelles fermées et de *a* en syllabe accentuée et libre:
a. $\bar{e}$ > *ej*
b. $\bar{o}$ > *ow*
c. $\bar{a}$ > *ae* > *aj* (+ développement *jaj* dans contexte de palatalisation)
(12) effacement des voyelles finales suivies d'une consonne.

Cette chronologie permet non seulement de dissocier dans le temps la diphtongaison des voyelles ouvertes et celle des voyelles fermées, mais d'attribuer aussi une ancienneté plus grande à la diphtongue *jɛ* qu'à la diphtongue *wɔ*. Straka situe la diphtongaison en *jɛ* au milieu du troisième siècle, et celle en *wɔ* à la fin du troisième siècle (ou au début du quatrième). Le roumain connaît la première diphtongaison, mais ignore la seconde, ce qui s'explique par le fait que la première diphtongaison a encore atteint la Dacie avant son isolement causé par l'évacuation en 271, alors que la seconde ne pouvait plus atteindre cette région. Le sarde ne connaît ni la première ni la seconde diphtongaison: c'est que déjà à la fin du second siècle la Sardaigne ne participait plus aux évolutions générales de la Romania.

À côté de la classification chronologique des phénomènes phonétiques susmentionnés, quelques autres conclusions des recherches de Straka doivent être rappelées ici: (1) la chronologie de l'évolution *opposition de longueur vocalique en latin > différenciation en timbre dans les langues romanes*; (2) la palatalisation des groupes *ty* et *ky* (début du second siècle); (3) la palatalisation de *k* appuyé et intervocalique devant *e* et *i*; (4) l'évolution particulière du gallo-roman septentrional en ce qui concerne la syncope des voyelles posttoniques et prétoniques; (5) la particularité de la coupe syllabique en espagnol et en roumain (*te-sta*; *po-rtu*; *se-pte*).

Quant au gallo-roman septentrional, Straka a réussi à déterminer la position du «francien» (et des dialectes apparentés) à l'égard du provençal et à l'égard du normand et du picard, par une étude chronologique des phénomènes de palatalisation. Sa conclusion est que dès le début du cinquième siècle, le Sud et le Nord de la Gaule ne formaient plus de communauté linguistique, et que dans le Nord une différenciation dialectale commençait à se profiler[12].

En conclusion, la chronologie relative n'est pas seulement un complément à la «chronologie absolue» des évolutions phonétiques; elle présente aussi une fonction explicative par rapport à celle-ci[13] et constitue ainsi une base essentielle de la grammaire historique.

---

[12] Cf. le dépliant qui accompagne l'article sur «La dislocation linguistique …»; ce schéma fournit une chronologie relative très rigoureuse des changements phonétiques qui ont eu lieu entre le latin du premier siècle et l'ancien français du treizième siècle.

[13] Cf. la solution que propose G. Straka («La dislocation linguistique …», 262-263) pour l'anomalie relevée par E. Richter, à savoir que *o* + *l* devant consonne (cf. *poltre* > *poutre*; *molt* > *mout*) ne s'est pas confondu avec *ow* (cf. *flour* qui devient *fleur*), mais qu'il a connu la même évolution que *ɔw* (cf. *coup, clou, fou*).

# GEORGES STRAKA: NOTICE BIBLIOGRAPHIQUE

## 1. Livres et brochures

1. *Na prahu života* [«Au seuil de la vie»; poèmes]. Tábor: Éditions Milan Nedvídek, 1927. 64 p.
2. *Contribution à l'étude de l'amüssement des consonnes finales en ancien français* (thèse de doctorat). Prague: Faculté des Lettres de l'Université Charles, 1934.
3. *Učebnice franštiny* [«Manuel de français»]. En collaboration avec Vilém Pech. Prague: Éditions Kvasnička & Hampl, 1939. 392 p. [1947²]
4. *Système des voyelles du français moderne* [Extrait du *BFLS* 28]. Strasbourg: Faculté des Lettres, 1950. 43 p., 23 tableaux et figures.
5. *La prononciation parisienne, ses divers aspects et ses traits généraux* [Extrait du *BFLS* 30]. Strasbourg: Faculté des Lettres, 1952. 45 p.
6. *Cours de prononciation française* [Fascicule ronéotypé]. Strasbourg: Institut de phonétique, 1953. 76 p.
7. *Poème contre une mission prêchée à Saint-Étienne (Loire) en 1821. Édition d'un texte en dialecte stéphanois avec traduction, commentaires philologique et linguistique et un glossaire* (Publications de la Faculté des Lettres de Strasbourg, vol. 127). Paris: Les Belles Lettres, 1954. 182 p.
8. *Quarante ans d'études de linguistique et de philologie à l'Université de Strasbourg (1919-1959)*. En collaboration avec Péla Simon [Extrait d'*Orbis* 9]. Louvain, 1960. 63 p.
9. *Institut d'Études françaises modernes: cours pour étudiants étrangers.* Université de Strasbourg: Faculté des Lettres, 1963. 80 p. [1965²]
10. *Poèmes du XVIIIᵉ siècle en dialecte de Saint-Étienne (Loire)*, vol. I: *Édition avec commentaires philologique et linguistique*; vol. II: *Glossaire* (Publications de l'Institut de Linguistique romane de Lyon, vol. 22 et 23). Paris: Les Belles Lettres, 1964. 702 et 248 p.
11. *Album phonétique.* Québec: Les Presses de l'Université Laval, 1965. 34 et 188 p. (dont 150 planches).
12. Traduction française: Walther von Wartburg, *La fragmentation linguistique de la Romania* (BFR, série A, vol. 13). [Traduction (en collaboration avec Jacques Allières) de l'allemand en français de: W. von Wartburg, *Die Ausgliederung der romanischen Sprachräume*, 1950]. Paris: Klincksieck, 1967. 148 p.
13. *Choix de textes français du Moyen âge à l'usage des cours et travaux*

*pratiques d'ancien et moyen français.* Strasbourg: Centre de Philologie romane, 1970. 134 p.

14. *Cent chansons de troubadours.* Textes réunis en collaboration avec Antoinette Saly. Strasbourg: Centre de Philologie romane, 1974. 154 p.
15. *Cours de linguistique romane: Textes d'étude.* Strasbourg: Centre de Philologie romane et Faculté des Lettres modernes, 1978. 210 p.
16. *Choix de chansons et de sirventés en ancien occitan sur le thème de la chevalerie.* Textes réunis en collaboration avec Antoinette Saly. Strasbourg: Faculté des Lettres modernes, 1978. 23 p.
17. *Les sons et les mots. Choix d'études de phonétique et de linguistique* (BFR, série A, vol. 42). Klincksieck: Paris, 1979. 620 p.
18. *Salut à la Tchécoslovaquie libérée.* Strasbourg: Relations France-Tchécoslovaquie, 1990. 11 p.

## 2. Articles

### 1927

1. Traduction du tchèque en français de Em. Chalupný, «La Bohême du Sud dans l'histoire et à l'heure actuelle». *Sudbohémien* 1, n° 3-4 (20 septembre - 1er octobre).
2. «Émile Zola et la Bohême (à l'occasion du 25e anniversaire de la mort de l'écrivain)». *Sudbohémien* 1, n° 7 (15 novembre).
3. «30e anniversaire de la mort du compositeur tchèque Charles Bendl»; «70e anniversaire de la fondation de la Société des Acteurs amateurs de Tábor». *Sudbohémien* 1, n° 8 (1er décembre).
4. «Martin Kolář, historien de la ville de Tábor». *Sudbohémien* 1, n° 10 (31 décembre).

### 1928

5. Traduction du tchèque en français d'un extrait de Jaroslav Trojan, «Question de la Bohême du Sud: Le caractère des habitants de la Bohême». *Sudbohémien* 2, n° 1 (19 janvier).
6. «Soirée Jaroslav Maria» [écrivain tchèque vivant à Tábor]. *Sudbohémien* 2, n° 2 (6 février).
7. «T.G. Masaryk (pour son 78e anniversaire)». *Sudbohémien* 2, nos 5 et 6-7 (12 et 19 mars).
8. «Jean-Amos Comenius». *Sudbohémien* 2, n° 8 (2 avril).

### 1929

9. «Chronique théâtrale de Tábor» [en tchèque]. *NS* 10, nos 7 et 9 (14 février et 1er mars).

*1930*

10. «Chronique théâtrale de Tábor» [en tchèque]. *NS* 11, n° 34 (29 août).

11. «Ředitel Václav Křížek (1833-1881)» [«Le proviseur V.K.» (organisateur du Lycée de Tábor de 1862 à 1880)]. *NS* 11, n° 39 (3 octobre).

*1931*

12. «Abecední seznam věcný» [«Index analytique»] et «Abecední přehled hláskových změn» [«Index des changements phonétiques»] dans Karel Rocher, *Učebnice staré franštiny* [«Manuel d'ancien français»], 196-203. Prague: Kvasnička & Hampl. [Deuxième édition]

*1932*

13. «Tři poznámky k požadavku správného vyslovování na divadle» [«Trois remarques sur la nécessité d'une prononciation correcte au théâtre»]. *Scéna* (Tábor) fasc. 3, 14 et fasc. 4, 18-20. [Repris dans la revue *Divadlo* [«Le Théâtre»] (Prague) 12, 12-13].

*1932-1939*

14-61. Articles dans *Ottův Naučný Slovník, Dodatky* [«Encyclopédie Otto, Compléments]. Prague, volumes *H-S*:
h, Bohuslav Hála, A.G. Hamel, hlasivky [«cordes vocales»], hlasivková explosiva [«occlusive laryngale»], hrdelnice [«consonnes gutturales»];
j [consonne yod], Karl Jaberg, Hertvík Jarník, Jan Urban Jarník, Jakob Jud;
Theodor Kalepky, Viktor Klemperer, Gustav Körting;
Ernest Langlois, Rudolf Lenz, Emil Levy, Georges Lote, Gustav Lücking;
*Maître phonétique* (revue), Philippe Martinon, Clemente Merlo, Adolf Měska, Paul Meyer, Wilhelm Meyer-Lübke, Georges Millardet, Alfred Morel-Fatio, Adolf Mussafia;
Tomás Navarro Tomás, Fritz Neumann, Kristoffer Nyrop;
František Pover, František Praus, provencálský jazyk [«le provençal»];
raetorománština [«le rhétoroman»], Bohuslav Rak, Karel Regal, Emile Ripert, Gustav Adolf Rolin, Mario Roques, abbé Rousselot;
Lazare Sainéan, sardština [«le sarde»], Petar Skok, K. Sneyders de Vogel, Leo Spitzer, Erik Staaf, A. Stimming.

*1934*

62. «Profesor Karel Němec» [«Le professeur K.N.» (pour son 50ᵉ anniversaire)]. *ČJ* 62, n° 21 (26 mai).

## 1935

63. «Táborská kozačka v Paříži na Exposition de poupées» [«Une cosaque de Tábor à Paris, à l'Exposition de poupées»]. *ČJ* 63, n° 10 (9 mars).
64. «Hommage de la jeunesse tchécoslovaque à T.G. Masaryk». *Rencontres des Jeunesses française et tchécoslovaque* (revue mensuelle), 2, n° 13 (25 mars).

## 1936

65. «K tvoření slovanských, zvláště českých slov onomatopoických» [«Contribution à l'étude de la formation des mots onomatopéiques slaves, notamment tchèques»]. *NŘ* 20, 125-138 et 157-167.
66. «Prvních dvacet let pařížských kursů českého jazyka» [«Les vingt premières années des cours de langue tchèque à Paris»]. *NČ* 19, 175-177.

## 1937

67. «À propos de l'ancien français *delüer*». *ČMF* 23, 400-402.
68. «D'où viennent les traîtres et les mauvais, dit satirique du XIIIᵉ siècle (Édition)». *NM* 38, 131-145.
69. «Česká kniha ve Francii» [«Le livre tchèque en France»]. *NČ* 19, 235-241.
70. «Spor česko-polský v očích Francouze» [«Le différend tchéco-polonais vu par un Français» (à propos de l'ouvrage de V.-L. Tapié, *Le pays de Teschen et les rapports entre la Pologne et la Tchécoslovaquie*, Paris, 1936)]. *NČ* 19, 247-251.

## 1938

71. «Trois ballades en l'honneur de la Vierge (Édition)». *ČMF* 24, 406-421.
72. «Učení mateřskému jazyku, jeho znalost a úcta k němu ve Francii» [«L'enseignement de la langue maternelle, sa connaissance et l'estime dont elle jouit en France»]. *NŘ* 22, 173-194.
73. «Dodatek k mému článku o učení mateřskému jazyku ve Francii» [«Complément à mon article sur l'enseignement de la langue maternelle en France»]. *NŘ* 22, n° 10 (3 p.).
74. «Z nemocničního slangu» [«À propos de l'argot des hôpitaux»]. *NŘ* 22, 256.
75. «Hertvík Jarník (pour son 60ᵉ anniversaire)» [en tchèque]. *ČMF* 24, 221-222.
76-87. Articles dans *Naučný Slovník Aktualit 1938* [«Encyclopédie des actualités 1938»]. Prague, 1938:

18 GEORGES STRAKA

Émile Benveniste, Georges Bernanos, Henri Bidou, Gabriel Chevallier, Gustave Demorgny, René Dumesnil, Edmond Jaloux, Maurice Magre, Edward Porembowicz, Guy de Pourtalès, Gustav Adolf Rolin, Václav Tille.

88. «Petite bibliographie de linguistique et de philologie romanes: années 1936 et 1937». *ČMF* 24, 226-232; 25, 104-112.

## 1939

89. «Une particularité intéressante de la phonétique albanaise». *ČMF* 26 (= *Mélanges Josef Janko*), 32-37. 8 figures.
90. «Zářijové rozjímání» [«Réflexions de septembre»]. *ČB* 1, n° 24 (7 octobre).
91. «Rozjímání k 28. říjnu» [«Réflexions à propos du 28 octobre» (Fête nationale tchécoslovaque)]. *ČB* 1, n° 27 (28 octobre).
92. «Kdo na jejich místo? Úvaha z konce roku 1939» [«Qui à leur place? Réflexions de la fin de l'année 1939»]. *ČB* 1, n° 36 (30 décembre).

## 1940

93. «Národ je s emigrací vyřízen» [«La nation (tchèque) en a fini avec l'émigration»]. *ČB* 2, n° 2 (19 janvier).
94. «Úkryt nejjistější …» [«Abri le plus sûr…»; traduction d'un texte de Guermantes]. *ČB* 2, n° 5 (16 février).
95. «Akademik vzpomíná na Masaryka» [«Un universitaire se souvient de Masaryk»]. *ČB* 2, n° 9 (8 mars).
96. «Oslava T.G. Masaryka v pařížské synagoze» [«Célébration de T.G. Masaryk à la Synagogue de Paris»]. *ČB* 2, n° 10 (15 mars).
97. «Poselství přátelství a naděje» [«Message d'amitié et d'espoir»; traduction en tchèque d'un texte d'Emile Faure, président du Conseil municipal de Paris]. *ČB* 2, n° 10 (15 mars).
98. «Poselství kardinála Verdiera» [«Message du Cardinal Verdier»; traduction d'un texte de l'archevêque de Paris«]. *ČB* 2, n° 11 (22 mars).
99. «Válka a jazyk» [«La guerre et la langue»]. *ČB* 2, n° 14 (12 avril).

## 1941

100. «Sur la définition du phonème». *BFLS* 20 (Clermont-Ferrand), 65-77. [Résumé, ibid. 19, 276-277].
101. «Voyelle et consonne. Mise au point de la question relative à la distinction des deux groupes». *BL* 9, 29-39. 4 figures.

*1942*

102. «Notes de phonétique générale et expérimentale» (I. Voyelle et consonne. II. À propos de la question des semi-voyelles. III. Consonnes palatales et consonnes palatalisées; faiblesse des sons isolés. IV. Force articulatoire des aspirées. V. Rapports de force entre *k* et *g*; région articulatoire des vélaires. VI. Encore *s* et *š*. VII. Voyelles antérieures en alsacien). *BFLS* 21 (Clermont-Ferrand), 1-22. 50 figures.
103. «Notes sur la vocalisation de l'*l*». *BL* 10, 5-34. 9 figures.
104. «La littérature populaire». *Le Petit Journal* (Clermont-Ferrand), le 1er et le 15 décembre.

*1946*

105. «À propos de la limite linguistique entre le Forez proprement dit et le Forez lyonnais». *ČMF* 29 (= *Mélanges Max Křepinský*), 123-131. 7 cartes.
106. «L'argot tchèque au Camp de Buchenwald». *RES* 22, 105-116.
107. «Les débuts du christianisme chez les Tchèques». *RHPR* 26, 235-245.
108. «Dopis z Francie» [«Lettre de France»]. *Táborské slovo* (= *NS*) 2, n° 2 (11 janvier).
109. «Semaine tchécoslovaque à Strasbourg». *Paris-Prague* 6, n° 10 (1er juin).

*1947*

110. «Le polymorphisme de l'*r* dans la Haute-Loire». En collaboration avec Pierre Nauton. *Mélanges 1945*, t. V: *Études linguistiques* (Publications de la Faculté des Lettres de Strasbourg, vol. 108), 195-238. 12 figures et 2 cartes.
111. «Alma mater 'strasburgiana'» [en tchèque; à propos des *Mélanges 1945* et du volume *De l'Université aux Camps de concentration, témoignages strasbourgeois*, publiés par l'Université de Strasbourg]. *Svobodné noviny* 3, n° 79 (3 avril).
112. «L'arrivée à Buchenwald». *De l'Université aux Camps de concentration, témoignages strasbourgeois* (Publications de la Faculté des Lettres de Strasbourg, vol. hors série), 77-91. [1954²; 1990³].
113. «La vie spirituelle à Buchenwald». *Bulletin de l'École Normale de la Seine-Inférieure* 59, fasc. 4, 14-20.
114. «Bratr Soumar v Buchenwaldu» [«Václav Soumar (maire de Tábor) à Buchenwald»; écrit pour son 60e anniversaire]. *NS* 21, n° 47 (21 novembre).

*1948*

115. «Bratr Dr Petr Zenkl čestným doktorem university ve Stras-
burku» [«Petr Zenkl docteur h.c. de l'Université de Strasbourg»].
*NS* 22, n° 1 (2 janvier).

*1949*

116. «Le traitement provençal *-ps-* > *-is-* est-il phonétique?» *Mélanges
Ernest Hoepffner* (Publications de la Faculté des Lettres de Strasbourg, vol. 113), 29-40.
117. «'Je ne crois pas qu'un seul déporté puisse se soustraire à votre
appel'» [Réponse à l'appel de David Rousset concernant l'exis-
tence des camps de concentration à l'Est]. *Figaro Littéraire*, 3
décembre.

*1951*

118. «*Guiche* et *aguicher*». *Mélanges Albert Dauzat*, 323-338. Paris:
D'Artrey.

*1952*

119. «Quelques observations phonétiques sur le langage des femmes».
*Orbis* 1, 335-357. 17 figures.

*1953*

120. «Observations sur la chronologie relative et les dates de quelques
modifications phonétiques en roman et en français prélittéraire».
*RLR* 71, 247-307.
121. «K.H. Mácha a české národní obrození. Několik slov o Máchově
nacionalismu» [«K.H. Mácha et la renaissance nationale tchèque.
À propos de son nationalisme»]. *Sklizeň, nezávislá kulturní revue*
[«Moisson, revue indépendante de culture»; Hambourg] 1, fasc. 8,
5-8.
122. «Svobodná evropská universita v exilu» [«L'Université de l'Eu-
rope libre en exil»]. *Evropský informační bulletin* [«Bulletin euro-
péen d'information»; Londres] 3, n° de juin, 6-8.
123. «Lettre ouverte au Colonel Manhès, président de l'Amicale des
déportés de Buchenwald» [Lettre de démission de cette Amicale].
*Le Déporté* (Paris), n° 55 (janvier).

*1954*

124. «Notes de phonétique générale et française: à propos d'un livre
récent» (Pierre Fouché, *Introduction* à la *Phonétique historique du*

*français*, 1952). *BFLS* 32, 207-226 et 259-275. 3 figures et 1 tableau [Paru en fascicule, Faculté des Lettres de Strasbourg, 39 p.]

125. «Encore ANTE - *ANTIUS - afr. *ainz*». *Mélanges Charles Bruneau*, 69-83. Genève: Droz.
126. «Atlas linguistique de l'Alsace. Compte rendu des travaux en cours». *Orbis* 3, 415-416.

### 1955

127. «Remarques sur les voyelles nasales, leur origine et leur évolution en français». *RLiR* 19, 245-274.
128. «Questions de phonétique (discussion)». *BFLS* 33, 312-319. 2 tableaux.
129. «L'œuvre de Bohuslav Hála, avec bibliographie de ses principales publications». *Orbis* 4, 267-276.

### 1956

130. «La dislocation linguistique de la Romania et la formation des langues romanes à la lumière de la chronologie relative des changements phonétiques». *RLiR* 20, 249-267. 1 dépliant.
131. «Notes de phonétique générale et française, nouvelle série (à propos de Bertil Malmberg, *La phonétique*, 1954)». *BFLS* 34, 278-285.
132. «Antoine Grégoire (nécrologie)». *RLiR* 20, 155.
133. «Petar Skok (nécrologie)». *RLiR* 20, 156.

### 1957

134. «La phonétique expérimentale au service de la linguistique». *CPhR* 2, 51-60.
135. «Étendue et limite de l'enquête phonétique» [en dialectologie]. *BFLS* 35 (= Actes du *Colloque de dialectologie*, Centre de Philologie romane, 21 et 22 avril 1956), 261-292. 5 planches et liste des signes de la notation phonétique française.
136. «Respiration et phonation: deux chapitres d'introduction phonétique à l'étude des langues». *BFLS* 35, 397-429. 8 figures.
137. «Eugène Kohler, avec bibliographie de ses publications». *Orbis* 6, 552-559.

### 1958

138. «Contribution à l'étude du vocabulaire du parler francoprovençal de Saint-Étienne (Loire)». *ZrP* 75 (= *Festschrift Walther von Wartburg*), 127-147.

139. «Giandomenico Serra (nécrologie)». *RLiR* 22, 160.
140. «Ernest Hoepffner (nécrologie)». *RLiR* 22, 160-161.

### 1959

141. «Quelques contributions à la chronologie relative des changements phonétiques en français prélittéraire». *VIII Congresso internazionale di Studi romanzi (Firenze 1956). Atti*, 437-443. Firenze.
142. «Tendances phonétiques du français contemporain». *CF* 8, 354-
362; 9, 35-40.
143. «Enquêtes dialectologiques sur les parlers romans des Vosges».
*CPhR* 4, 38-40.

### 1960

144. «La transcription phonétique de la prononciation». [Actes du
colloque] *Lexicologie et lexicographie françaises et romanes* (Strasbourg, 1957), 123-131 et 264-265. Paris: C.N.R.S.
145. «Recherches de phonétique expérimentale: les articulations dans
la chaîne parlée en français». *CPhR* 5, 78-80.
146. «William D. Elcock (nécrologie)». *RLiR* 24, 424.

### 1961

147. «Phonétique et physiologie. L'évolution phonétique du français à
la lumière des données relatives au fonctionnement des circuits
neuro-musculaires des organes articulatoires». *BF* 18 (= *Actes du
IXe Congrès international de Linguistique romane*, Lisbonne, 1959),
vol. 1, 123-136.
148. «Durée et timbre vocaliques. Observations de phonétique générale
appliquées à la phonétique historique des langues romanes». *ZPh*
12 (= *Festschrift G. Panconcelli-Calzia*), 276-300.
149. «La prononciation française» (2 interviews). *L'Action* (Québec),
19 et 21 septembre.
150. «Paul Imbs (note biographique et bibliographique à l'occasion de
son départ de Strasbourg)». *CPhR* 6, 40-46.
151. «Sever Pop (nécrologie)». *RLiR* 25, 212-214.
152. «Sever Pop. Principales dates biographiques et principales publications». En collaboration avec Rodica Doina Pop. *Orbis* 10, I-
VII.
153. Préface de l'ouvrage de Jean-Claude Lafon, *Message et phonétique: introduction à l'étude acoustique et physiologique du phonème*, 7-10. Paris: P.U.F.
154. Traduction du tchèque en français de: Bohuslav Hála, *La syllabe,
sa nature, son origine et ses transformations. Orbis* 10, 69-143.

### 1962

155. Préface de l'ouvrage de Gertrud Aub-Büscher, *Le parler de Ranrupt (Bas-Rhin). Essai de dialectologie vosgienne* (BFR, série A, vol. 3), VII-XI. Paris: Klincksieck.

### 1963

156. «La division des sons du langage en voyelles et consonnes peut-elle être justifiée?» *TraLiLi* 1, 17-99. 16 figures.
157. «Étude du rythme à l'aide de l'oscillographe cathodique combiné avec le sonomètre». En collaboration avec Paul Burgstahler. *TraLiLi* 1, 125-141. 7 figures.
158. «Remarques sur la pause dans l'alexandrin classique». En collaboration avec Jacques Laurin. *BJR* 7, 3-13.
159. Avant-propos du 1$^{er}$ volume des *Travaux de Linguistique et de Littérature* (Centre de Philologie romane, Strasbourg), 7-8.
160. Avant-propos des Actes du colloque *Les anciens textes romans non littéraires* (Strasbourg, 30.1. - 4.2. 1961) (Coll. «Actes et colloques», vol. 1), V-VIII. Paris: Klincksieck.
161. Avant-propos de l'ouvrage de François Remigereau, *Recherches sur la langue de la vénerie* (Publications de la Faculté des Lettres de Strasbourg, vol. 142), V-VIII.

### 1964

162. «À propos de la question des semi-voyelles». *ZPh* 17 (= *Festschrift Bohuslav Hála*), 301-323. 13 figures.
163. «L'évolution phonétique du latin au français sous l'effet de l'énergie et de la faiblesse articulatoires». *TraLiLi* 2/1, 17-98. 12 figures.
164. «Remarques sur la «désarticulation» et l'amuïssement de l'*s* implosive». *Mélanges Maurice Delbouille* vol. 1, 607-628. 4 figures. Gembloux: Duculot.

### 1965

165. «Naissance et disparition des consonnes palatales dans l'évolution du latin au français». *TraLiLi* 3/1, 117-168. 11 figures.
166. «Contribution à l'histoire de la consonne *r* en français». *NM* 66 (= *Mélanges Veikko Väänänen*), 572-606. 10 figures.

### 1966

167. «Bibliographie des travaux de Mgr Pierre Gardette». *TraLiLi* 4/1 (= *Mélanges Pierre Gardette*), 11-16.

168. «Sur la date de l'amuïssement du -*t* final non appuyé en ancien français». *TraLiLi* 4/1 (= *Mélanges Pierre Gardette*), 449-468.
169. «Éloge de M. Walther von Wartburg». *Université de Strasbourg 1965*, 37-42 [= «Walther von Wartburg, docteur h.c. de l'Université de Strasbourg». *CPhR* 11, 81-86.]
170. Préface de l'ouvrage de Gaston Dulong, *Bibliographie linguistique du Canada français*, VII-XVI. Québec: Les Presses de l'Université Laval.
171. Avant-propos de l'ouvrage de Jean-Denis Gendron, *Tendances phonétiques du français parlé au Canada*, V-XX. Québec: Les Presses de l'Université Laval.
172. Intervention au Conseil municipal de Strasbourg sur les problèmes des musées de la Ville. *Comptes rendus des séances du Conseil municipal*, 11ᵉ séance, le 17 janvier, 12-14.

### 1967

173. «Critique d'une critique. À propos de mon *Album phonétique* et d'un article d'Ernst Pulgram». *ZrP* 83, 358-380.
174. «John Orr 1885-1966». En collaboration avec Pierre Gardette. *RLiR* 31, 3-5.
175. «Le rôle des professeurs étrangers à Laval» [interview]. *Le Soleil* (Québec), le 13 décembre.
176. Avant-propos des *Études de linguistique franco-canadiennes*, 7-8. Québec: Les Presses de l'Université Laval.
177. Discours prononcé à la cérémonie du 25ᵉ anniversaire de l'Institut de Linguistique romane de Lyon (17 avril). *Bulletin des Facultés Catholiques de Lyon* (janvier-juin), 85-86.

### 1968

178. «Contribution à la description et à l'histoire des consonnes *L*». *TraLiLi* 6/1, 267-326. 13 figures et 1 carte.
179. «Inauguration de la collection 'Langue et littérature françaises au Canada'. Discours prononcé à Québec, le 28 novembre 1967». *CPhR* 13, 101-107.

### 1970

180. «Bibliographie des travaux de M. Albert Henry». *TraLiLi* 8/1 (= *Mélanges Albert Henry*), 13-33.
181. «À propos des traitements de -ICU et -ICA dans les proparoxytons en français». *TraLiLi* 8/1 (= *Mélanges Albert Henry*), 297-311.
182. «Dictionnaire étymologique de l'ancien français de Kurt Baldinger». *Recherche-Information*, Faculté des Lettres de l'Université Laval, n° 1 (décembre), 3-5.

### 1971

183. Avant-propos de l'ouvrage de René Charbonneau, *Étude sur les voyelles nasales du français canadien*, V-X. Québec: Les Presses de l'Université Laval.
184. «'Le professeur Georges Straka nous parle ... du français'» [interview]. *Au fil des événements* (Québec: Université Laval), vol. 7, n° 7 (le 21 octobre).
185. Discours de réception des insignes de docteur h.c. de l'Université Laval. *Remise du doctorat h.c. de l'Université Laval (Québec, 4 octobre)*, 9-16.

### 1972

186. «'Todos los idiomas son ricos porque expresan el pensamiento del hombre'» [interview]. *Herro* (Bilbao) 35, 16 février.
187. Avant-propos de l'ouvrage de Marcel Juneau, *Contribution à l'histoire de la prononciation française au Québec. Étude des graphies des documents d'archives*, VII-XVIII. Québec: Les Presses de l'Université Laval.

### 1973

188. «Bibliographie des travaux de M. Paul Imbs». En collaboration avec Éveline Martin. *TraLiLi* 11/1 (= *Mélanges Paul Imbs*), 13-22.
189. «En relisant 'Menaud, maître-draveur'. Contribution à un inventaire du vocabulaire régional du Québec». *TraLiLi* (= *Mélanges Paul Imbs*) 11/1, 265-294.
190. «Mgr Pierre Gardette (nécrologie)». *CPhR* 18, 101-104.
191. «Allocution de clôture du colloque sur la linguistique catalane (11 avril 1968)». *La linguistique catalane. Actes du colloque* (coll. «Actes et colloques», vol. 11), 453-455. Paris: Klincksieck.
192. Avant-propos des Actes du colloque *Les dialectes romans de France à la lumière des atlas linguistiques régionaux (24-28 mai 1971)*, 7-14. Paris: CNRS.
193. Allocution d'ouverture du colloque sur les dialectes romans de France. Actes du colloque *Les dialectes romans de France à la lumière des atlas linguistiques régionaux (24-28 mai 1971)*, 21-25. Paris: CNRS.
194. Avant-propos des *Études Foréziennes*, vol. VI: *Le Forez linguistique*, 7-11. Saint-Étienne: Centre d'Études foréziennes.
195. «Allocution à la cérémonie de remise des *Mélanges Paul Imbs* (Nancy, 11 mai 1973)». *CPhR* 18, 145-149.
196. «Lettre à un journaliste (à propos des désordres à l'Université de Strasbourg au printemps 1973)». *Bulletin du Syndicat national*

*autonome des Lettres et Sciences humaines*, n.s., n° 11, octobre, 34-35.

## 1974

197-203. Articles *galerne, gant, garance, garant, garbin, garegnon, garlande*. *DEAF*, fasc. G 1, 88-89; G 2, 121-129, 136-145, 146-147, 244-245, 277-281.

204. «Von Wartburg et la France. Réponse à une lettre d'Étiemble». *RLiR* 38, 606-610.

205. «Éloge de M. Albert Henry, docteur h.c. de l'Université des Sciences humaines de Strasbourg». *CPhR* 19, 131-142.

206. «Pierre Gardette 1906-1973». En collaboration avec Kurt Baldinger. *RLiR* 38, VII-XXVIII; *ZrP* 90, 660-678.

207. Avant-propos de Sylva Clapin, *Dictionnaire canadien-français* et de N.E. Dionne, *Parler populaire des Canadiens français* (réimpressions). Québec: Presses de l'Université Laval. 6 p. non numérotées.

208. «Lancement d'un nouveau volume de la collection 'Langue française au Québec', discours prononcé à Québec, le 11 décembre 1973». *CPhR* 19, 147-152.

209. «Allocution d'ouverture du colloque sur le théâtre contemporain (Strasbourg, avril 1972)». *L'onirisme et l'insolite dans le théâtre français contemporain. Actes du colloque* (coll. «Actes et colloques», vol. 14), X-XII.

## 1975

210. Avant-propos des *Travaux de linguistique québecoise*, vol. 1, 7-12. Québec: Les Presses de l'Université Laval.

## 1976

211. «L'université suicidaire. Strasbourg II (10 mars - 28 mai 1976)». *Bulletin de la Fédération nationale des Syndicats autonomes de l'Enseignement supérieur*, n° spécial bis, n. s., n° 12, octobre-novembre, 16-20.

## 1977

212. «Les français régionaux. Conclusions et résultats du colloque de Dijon (Université de Dijon, 18-20 novembre 1976)». *TraLiLi* 15/1, 227-242.

213. «Où en sont les études de français régionaux». *Le français en contact avec [...] les cultures régionales*. Actes des journées d'information de Sassenage (Conseil international de la Langue française, Paris), 111-126.

*1978*

214. «À propos du classement articulatoire des voyelles». *Hamburger Phonetische Beiträge* 25 (= *Festschrift Otto von Essen*), 437-460. 11 figures.
215. «LOCU - *lieu*, LOCO - afr. *lués*». *TraLiLi* 16/1 (= *Mélanges Jean Rychner*), 489-500.
216. «Éloge de M. Kurt Baldinger, docteur h.c. de l'Université des Sciences humaines de Strasbourg (16 décembre 1977)». *CPhR* 23, 165-169.
217. «Allocution à la cérémonie de remise des *Mélanges Jean Rychner* (Neuchâtel, le 9 juin)». *CPhR* 23, 185-190.

*1979*

218. «Kurt Baldinger». *Festschrift Kurt Baldinger zum 60. Geburtstag*, XI-XXI. Tübingen: Niemeyer.
219. «Remarques sur le décès d'un mot: afr. et mfr. *moillier*». *Festschrift Kurt Baldinger zum 60. Geburtstag*, 535-551. Tübingen: Niemeyer.
220. Préface [en collaboration avec Robert Martin] de: Charles Muller, *Langue française et linguistique quantitative. Recueil d'articles*, I-III. Genève: Slatkine.
221. «Hommage à Charles Muller. Allocution à l'occasion de son départ à la retraite (Strasbourg, le 8 juin)». *CPhR* 24, 168-170.
222. «Réponse aux allocutions prononcées à l'occasion du départ à la retraite de Georges Straka (Strasbourg, le 22 juin)». *CPhR* 24, 206-210.

*1980*

223. «Sur la valeur de la graphie *nevold, nevuld* dans le manuscrit d'Oxford». *TraLiLi* 18/1 (= *Hommage à la mémoire de Gérard Moignet*), 299-308.
224. «Le Centre [de Philologie et de Littératures romanes] de 1960 à 1980». *CPhR* 25, 17-31.
225. «Philologie romane». *CPhR* 25, 69-82.
226. «Allocution à la cérémonie de remise de la *Festschrift Kurt Baldinger* (Université de Heidelberg, 17 novembre 1979)». *Kurt Baldinger zum 60. Geburtstag*, 11-18. Romanisches Seminar der Universität Heidelberg (fascicule ronéotypé hors commerce).

*1981*

227. «Sur la formation de la prononciation française d'aujourd'hui». *TraLiLi* 19/1, 161-248.

228. «Les français régionaux: exposé général». *Actes du colloque «Les français régionaux» (Québec, 21-25 octobre 1979)*, 31-45. Québec: Conseil de la Langue française.

## 1982

229-235. Articles *gest* 1, *gest* 2, *geste* 1, *geste* 2, *gester*, *gestir*, *gestoire*. *DEAF*, fasc. G 4, 655-669.
236. «Deux régionalismes nancéiens: *cheulard* et *haltata*. Note étymologique». *Festschrift Johannes Hubschmid zum 65. Geburtstag*, 715-729. Bern - München: Francke.
237. «Sur les dénominations romanes du sillon». *RLiR* 46, 231-151. 6 cartes.
238. «Vingt années des *TraLiLi*. Arrière-propos». *TraLiLi* 20/1, 332-334.

## 1983

239. «Encore sur les dénominations du sillon». *RLiR* 47, 121-128. 1 carte.
240. «Problèmes des français régionaux». *Académie Royale de Belgique. Bulletin de la Classe des Lettres et des Sciences morales et politiques*, 5ᵉ série, t. 69, 27-66. 10 cartes.
241. «Charles-Théodore Gossen (nécrologie)». *RLiR* 47, 265-269.
242. Avant-propos de Pierre Gardette, *Études de géographie linguistique*, 7-8. Strasbourg: Société de Linguistique romane.
243. «Rapport moral du secrétaire-administrateur de la Société de Linguistique romane (années 1980-1983)». *RLiR* 47, 509-515.

## 1984

244. «À propos de PE(N)SILE > *poêle* 'fourneau'». *RLiR* 48, 29-36.
245. «'Allons, aboutonnez voir votre paletot et filons' (Proust I, 395). Commentaire». *Cahiers de l'Institut de Linguistique de Louvain* 9/1-2 (= *Mélanges Willy Bal*), 247-274. 2 cartes.
246. «'Enfin, la berloque sonna comme j'arrivais à la maison' (Proust III, 840). Commentaire». *RLiR* 48, 349-361.
247. «Halina Lewicka (nécrologie)». *RLiR* 48, 266-268.

## 1985

248. «Les rimes classiques et la prononciation française de l'époque». *TraLiLi* 23/1, 61-138.
249. «Encore la berloque». *RLiR* 49, 359-364.
250. «Note sur deux mots malsonnants: *mouiller* et *méation*». *ZrP* 101, 407-412.

251. «Consultant el 'Diccionari Etimològic i Complementari de la Llengua catalana'. Notes de lectura». *Estudis de Llengua i literatura catalanes* X (= *Miscel.lània Antoni M. Badia i Margarit* 2), 5-19. Abadia de Montserrat.

252. Préface des Actes du colloque *Le français en Alsace* (Mulhouse, 17-19 novembre 1983), 1-7. Genève - Paris: Slatkine.

*1986*

253. «La Société de Linguistique romane». *Programme du XVIIIᵉ Congrès de Linguistique et Philologie romanes*, Trèves, et *Actes 1*, XLVII-LIII. Tübingen: Niemeyer, 1992. [Nouvelle édition mise à jour: *Programme du XIXᵉ Congrès*, Santiago de Compostela 1989, 90-97].

254. «Rapport moral du secrétaire-administrateur de la Société de Linguistique romane (années 1983-1986)». *RLiR* 50, 649-653.

*1987*

255. «Langues et parlers de France au Moyen Age: quelques considérations sur la liberté de leur emploi». Actes du colloque *Les libertés au Moyen Age* (Festival d'histoire, Montbrison, 1ᵉʳ - 5 octobre 1986), 405-417. 1 carte.

256. «Sur le traitement de l'*e* devant nasale en syllabe initiale: *fener - faner*, mais *fenouil, fenaison*». *Romania ingeniosa. Mélanges Gerold Hilty*, 237-259. 10 cartes. Bern: Francke.

257. «'Aicel jorns me sembla nadaus'. (Bernart de Ventadorn, 70, 15)». *Studia in honorem Prof. Martin de Riquer* II, 613-618. Barcelona: Quaderns Crema.

258. «En relisant Proust et en feuilletant nos dictionnaires». *Études de lexicologie, lexicographie et stylistique offertes en hommage à Georges Matoré*, 69-87. Paris: Université de Paris-Sorbonne.

259. «Le vocabulaire de Proust et les dictionnaires de langue». *Cahiers de Lexicologie* 50 (= *Hommage à R.-L. Wagner*), 219-235.

260. «À propos de la correspondance de Paul Passy en écriture phonétique». *Beiträge zur Phonetik und Linguistik* 52 (= *Festschrift Hans Heinrich Wängler*), 399-422. Hamburg.

261. «Expressions québécoises dans un roman parisien». *Français du Canada, français de France*. Actes du colloque de Trèves (26-28 septembre 1985) (coll. *Canadiana romanica*, vol. 1), 277-289. Tübingen: Niemeyer.

262. Conclusion du colloque «Français du Canada, français de France». *Français du Canada, français de France*. Actes du colloque de Trèves (26-28 septembre 1985) (coll. *Canadiana romanica*, vol. 1), 365-372. Carte p. 290. Tübingen: Niemeyer.

263. «La figure historique de saint Venceslas de Bohême». *L'Amitié franco-tchécoslovaque*. Bulletin 37, n° 4 (Paris, novembre), 4-6.

### 1988

264. «En consultant le 'Diccionario Crítico Etimológico Castellano e Hispánico'». *Homenaje a Alonso Zamora Vicente* I, 277-287. Madrid: Ed. Castalia.
265. «En marge de quelques articles du 'Diccionario Crítico Etimológico Castellano e Hispánico'». *Homenagem a Joseph M. Piel*, 435-442. Tübingen: Niemeyer.
266. «Pour une révision de la date des Gloses de Silos?» *Hommage à Bernard Pottier* II, 749-761. Paris: Klincksieck.

### 1989

267. «En marge de quelques articles du 'Diccionari Etimològic i Complementari de la Llengua catalana'». *Miscelánea de homenaje para Germán Colón*, 453-462. Tübingen: G. Narr.
268. «Mistral imitateur de Marcabru?» *Miscelanea di studi in onore di Aurelio Roncaglia*, 1313-1321. Modena: Mucchi.
269. «Base articulatoire. Essai d'une mise au point». *Mélanges de phonétique générale et expérimentale offerts à Péla Simon*, 757-768. Publications de l'Institut de phonétique de Strasbourg.
270. «Rapport moral du secrétaire-administrateur de la Société de Linguistique romane (années 1987-1989)». *RLiR* 53, 599-604.

### 1990

271. «Phonétique et phonématique [du français]». *Lexikon der romanistischen Linguistik*, vol. V/1[ n° 293]: *Les langues romanes de la Renaissance à nos jours: Le français*, 1-33. Tübingen: Niemeyer.
272. «Un poème anonyme en dialecte de Saint-Étienne (Loire) du début du XIXᵉ siècle». *TraLiPhi* 28, 5-24.
273. «Frédéric Mistral, inspirateur de Félix-Antoine Savard, écrivain québécois?» *Travaux de Littérature* 3 (= *Mélanges Noémi Hepp*), 229-238. Paris: Les Belles Lettres.
274. Avant-propos de Kurt Baldinger, *Die Faszination der Sprachwissenschaft. Ausgewählte Aufsätze zum 70. Geburtstag*, IX-XV. Tübingen: Niemeyer.
275. «Prague libérée». *Élan, Cahiers du Foyer de l'Étudiant catholique et des Intellectuels chrétiens-sociaux* (Strasbourg), 34ᵉ année, n° 5-6, 3-6.

*1991*

276. «Ernest Schüle (nécrologie)». *RLiR* 55, 292-295.
277. «Bertran de Born, *Be.m platz lo gais temps de pascor*. En marge de deux nouvelles éditions». *Mélanges de langue et de littérature occitanes en hommage à Pierre Bec*, 541-548. Poitiers: Université de Poitiers.
278. «De Tábor, en Bohême, à Strasbourg par Prague, Paris et Clermont-Ferrand». *Wege in der Sprachwissenschaft: Vierundvierzig autobiographische Berichte. Festschrift Mario Wandruszka*, 225-231. Tübingen: Narr.

*1992*

279. «Rapport moral du secrétaire-administrateur de la Société de Linguistique romane (année 1990-1992)». *RLiR* 56, 343-348.
280. «Afr. *chainse*». *Verbum romanicum. Festschrift für Maria Iliescu*, 279-283. Hamburg: Buske Verlag.

*1993 (à paraître)*

281. «Remarques sur le vocabulaire du plus ancien roman québécois (1837)». Actes du 3ᵉ colloque *Français du Canada, français de France*, Augsburg (14-16 mai 1991) (coll. Canadiana romanica). Tübingen: Niemeyer.
282. Conclusion du colloque «Français du Canada, français de France». Actes du 3ᵉ colloque *Français du Canada, français de France*, Augsburg (14-16 mai 1991) (coll. Canadiana romanica). Tübingen: Niemeyer.
283. «La langue de Françoise dans *À la recherche du temps perdu* de Marcel Proust». *Mélanges Jean Lanher*. Nancy: Université de Nancy II.
284. «Deux linguistes tchèques méconnus: Karel Skála et Josef Straka». *Florilegium historiographiae linguisticae. Recueil d'études d'historiographie de la linguistique et de grammaire comparée à la mémoire de Maurice Leroy*. Louvain.
285. «Orthographia gallica et Orthographia bohemica». *Festschrift für Hans Helmut Christmann*. Tübingen: G. Narr.

## 3. Comptes rendus[14]

*1931*

1. Georges Lote, *En préface à Hernani. Cent ans après*. [Paris 1930]. *ČMF* 17, 250-251.*

---

[14] Les comptes rendus dont les références sont suivies d'un astérisque sont en tchèque.

2. T. Navarro Tomás, *El idioma español en el cine parlante. ¿Español o hispanoamericano?* [Madrid 1930]. *ČMF* 18, 77-78.*

### 1932

3. W. Meyer-Lübke, *Romanisches etymologisches Wörterbuch.* 3. neu bearbeitete Auflage, Lieferung 1-4 [Heidelberg 1930]. *ČMF* 18, 331-334.*

### 1933

4. Franz Zimmermann, *Register zur ZrP, Band XXXI-L* [Halle 1932]. *ČMF* 19, 107-108.*
5. Ferdinand Brunot – Charles Bruneau, *Précis de grammaire historique de la langue française* [Paris 1933]. *ČMF* 19, 215-216.*

### 1935

6. «Nouvelles éditions phototypiques de textes français du moyen âge: A. de Laborde, *La Chanson de Roland* [SATF 1933]; *Le ms. BN fr. 19152* [Paris 1934]». *ČMF* 22, 111.*

### 1936

7. *Les Enfances Guillaume, chanson de geste du XIII^e siècle*, publiée par Patrice Henry [SATF 1935]. *ČMF* 22, 381-384.*
8. Alf Lombard, *La prononciation du roumain* [Uppsala 1936]. *ČMF* 22, 397-398.*

### 1937

9. *Poème du XIII^e siècle en l'honneur de la Vierge*, édité par Albert Henry [Mons 1936]. *ČMF* 23, 416-418.*
10. «Ilustrované vydání d'Aucassin et Nicolette» [Édition illustrée d'Aucassin et Nicolette], par Mario Roques [Paris 1936]. *ČMF* 23, 430*.
11. «K francouzskému studentskému slangu» [À propos de l'argot des étudiants en France]: R. Smet, *Le nouvel argot de l'X* [Paris 1936]. *ČMF* 23, 436.*
12. *Atti del III Congresso internazionale dei linguisti (19-26 settembre 1933).* [Firenze 1935]. *ČMF* 23, 437-438.*
13. *L'Atre périlleux, roman de la Table ronde*, édité par Brian Woledge [CFMA 1936]. *ČMF* 24, 78-79.
14. *La Vie de saint Thomas Becket, de Guernes de Pont-Sainte-Maxence*, éditée par Emmanuel Walberg [CFMA 1936]. *ČMF* 24, 79-80.

15. Franck L. Schoell, *La langue française dans le monde* [Paris 1936]. *ČMF* 24, 102-103.*

## 1938

16. *Mélanges dédiés à la mémoire de P.M. Haškovec* [Brno 1936]. *ČMF* 24, 205-208.*
17. Hans Rheinfelder, *Altfranzösische Grammatik*, I. Teil: *Lautlehre* [München 1937]. *ČMF* 24, 326-328.
18. Émile Ripert, *La Provence (anthologie illustrée)* [Paris, 1936²]. *ČMF* 24, 328.*
19. Claude Cuénot, *État présent des études verlainiennes* [Paris 1938]. *ČMF* 25, 83-85.*
20. Holger Petersen Dyggve, «Le manuscrit fr. 1708 de la B.N.» [extrait des *NM*, Helsinki 1938]. *ČMF* 24, 97-98.*
21. Albert Henry, «Une œuvre trilingue de Jean de Stavelot» [Extrait de *Latomus* 1, Bruxelles 1937]. *ČMF* 25, 97.*

## 1939

22. *Le jugement d'Amour ou Florence et Blancheflor, première version française des débats du clerc et du chevalier (fin XIIᵉ - début XIIIᵉ s.).* Texte publié par Maurice Delbouille [Paris 1936]. *NM* 40, 97-99.
23. Arthur Långfors, *Miracles de Gautier de Coinci.* Extraits du manuscrit de l'Ermitage [Helsinki 1937]. *ČMF* 25, 211-212.*
24. Mirko Deanović, *Concordanze nella terminologia marinara del Mediterraneo* [ArchRom 21, 1937] et *Per un atlante e un dizionario etimologico delle voci mediterranee* [VR 3]. *ČMF* 25, 223-224.*
25. Holger Petersen Dyggve, *Moniot d'Arras et Moniot de Paris, trouvères du XIIIᵉ siècle. Édition des chansons et étude historique* [Helsinki 1938]. *ČMF* 25, 368-369.*

## 1946

26. Antonin Duraffour, *Lexique patois-français du parler de Vaux-en-Bugey (Ain) (1919-1940)* [Grenoble 1941]. *ČMF* 29, 71-72.*
27. «La Vie de saint Onuphre», éditée par J.J. Soons [*Neophilologus* 24, 1939]. *Philologica* 1, 7-10.
28. *Lous Poêmes daoü Païsan*, publiés par Pierre Gardette [Mâcon 1938]. *Philologica* 1, 10-11.

## 1948

29. *Sborník věnovaný Maxmilianu Křepinskému k sedmdesátým narozeninám* [Mélanges offerts à Max Křepinský pour son 70ᵉ anniversaire, n° spécial du *ČMF* 29, 1946]. *NV* 26, 153-161.*

*1950*

30. «Quelques travaux récents des médiévistes et humanistes tchèques» (à propos des *Mélanges Karel Svoboda* [Prague 1948]. *RMAL* 6, 273-280.
31. «Note sur les extraits des plus anciens monuments de la langue française, publiés dans les *Textes d'étude* de M. R.-L. Wagner». *BFLS* 28, 288-289.

*1951*

32. Pierre Nauton, *Le patois de Saugues (Haute-Loire), aperçu linguistique, terminologie rurale, littérature orale* [Clermont-Ferrand 1948]. *RLR* 71, 92-95.

*1952*

33. B.-O. Unbegaun, *Grammaire russe* [Paris - Lyon 1951]. *BFLS* 30, 199-202.

*1954*

34. Johannes Hubschmid, *Alpenwörter romanischen und vorromanischen Ursprungs* [Bern 1951]. *RLR* 71, 345-346.

*1956*

35. Bertil Malmberg, *La phonétique* [Paris 1954]. *Studia neophilologica* 28, 98-104.

*1957*

36-42. Comptes rendus sommaires: H. Sten, *Manuel de phonétique française* [Copenhague 1956]; Monique Parent, *Rythme et versification dans la poésie de Francis Jammes* [Paris 1957]; V. Ratel, *Le patois de Saint-Martin-la-Porte (Savoie)* [Lyon 1956]; H. Lausberg, *Romanische Sprachwissenschaft* I et II [Berlin 1956]; M. Regula, *Historische Grammatik des Französischen* [Heidelberg 1955-56]; H. Lüdtke, *Die strukturelle Entwicklung des romanischen Vokalismus* [Bonn 1956]; P. Imbs, *Les propositions temporelles en ancien français* [Paris - Strasbourg 1956]. *RLiR* 21, 184-189 et 332-335.
43. Amado Alonso, *De la pronunciación medieval a la moderna en español* [Madrid 1955]. *RLiR* 21, 189.

*1958*

44. Jeanne Varney Pleasants, *Études sur l'e muet: timbre, durée, intensité, hauteur musicale* [Paris 1956]. *RomR* 49, 52-55.

45-50. Comptes rendus sommaires: M.L. Wagner, *Dizionario etimologico sardo*, fasc. 1 et 2 [Heidelberg 1957 et 1958]; L. Kaiser, *Manual of Phonetics* [Amsterdam 1957]; Ch. Bruneau, *Petite histoire de la langue française* [Paris 1955 et 1958]; G. Raynaud de Lage, *Introduction à l'ancien français* [Paris 1958]; R. Charbonneau, *La spirantisation du z* [Montréal 1958]; Å. Grafström, *Étude sur la graphie des plus anciennes chartes languedociennes* [Uppsala 1958]. *RLiR* 22, 152-155 et 361-364.

### 1959

51. Édouard Bourciez, *Précis historique de phonétique française*. Neuvième édition revue par les soins de Jean Bourciez [Paris 1958]. *RLiR* 23, 393-394.
52. Jean Garneret, *Un village comtois: Lantenne, ses coutumes, son patois* [Paris 1959]. *RLiR* 23, 394-395.
53. Pierre Nauton, *Atlas linguistique et ethnographique du Massif Central*, vol. II: *Le Paysan* [Paris 1959]. *RLiR* 23, 395-396.

### 1960

54. Veikko Väänänen, *Le latin vulgaire des inscriptions pompéiennes*. Nouvelle édition. [Berlin 1959]. *RLiR* 24, 402-403.
55. H. Mihăescu, *Limba latină în provinciile dunărene ale imperiului romîn* [Bucarest 1960]. *RLiR* 24, 403-406.
56. A. Rosetti, *Istoria limbii romîne*, vol. I: *Limba latină* [Bucarest 1960³]. *RLiR* 24, 406.
57. *Recherches sur les diphtongues roumaines*, publiées par A. Rosetti [Bucarest 1959]. *RLiR* 24, 406-407.
58. Gerhard Rohlfs, *Vom Vulgärlatein zum Altfranzösischen. Einführung in das Studium der altfranzösischen Sprache* [Tübingen 1960]. *RLiR* 24, 407-408.
59. Max Pfister, *Die Entwicklung der inlautenden Konsonantengruppe -ps- in den romanischen Sprachen mit besonderer Berücksichtigung des Altprovenzalischen* [Bern 1960]. *RLiR* 24, 408-409.
60. Ernest Nègre, *Toponymie du canton de Rabastens (Tarn)* [Paris 1959]. *RLiR* 24, 409.

### 1962

61. Marguerite Gonon, *La vie familiale en Forez au XIVe siècle et son vocabulaire d'après les testaments* [Paris - Lyon 1961]. *RLiR* 26, 252-253.

*1975*

62. «Critique d'une critique» (à propos d'une critique, publiée par A. Lapierre, de l'ouvrage de M. Juneau – Cl. Poirier, *Le livre de comptes d'un meunier québécois* [Québec 1973]. *CPhR* 20, 182-184.

*1981*

63. *Early Romance Texts. An anthology*, edited by Rodney Sampson [Cambridge 1980]. *RLiR* 45, 487-492.
64. Frankwalt Möhren, *Le renforcement affectif de la négation par l'expression d'une valeur minimale en ancien français* [Tübingen 1980]. *RLiR* 45, 492-495.

*1983*

65. Étienne Brunet, *Le vocabulaire de Proust*, 3 volumes [Paris - Genève 1983]. *RLiR* 47, 207-216.
66. Gerhard Rohlfs, *Romanische Lehnübersetzungen aus germanischer Grundlage (Materia romana, spirito germanico)*. [München 1983]. *RLiR* 47, 440-443.
67. Joseph Hanse, *Nouveau dictionnaire des difficultés du français moderne* [Paris - Gembloux 1983]. *RLiR* 47, 469-476.
68. Réjean L'Heureux, *Vocabulaire du moulin traditionnel au Québec des origines à nos jours. Documents lexicaux et ethnographiques* [Québec 1982]. *RLiR* 47, 492-496.

*1984*

69. *Cahiers Saint-John Perse*, vol. I à VI [Paris 1978-1983]. *RLiR* 48, 203-204.
70. *Amitié du Prince de Saint-John Perse; Anabase de Saint-John Perse.* Éditions critiques, transcription d'états manuscrits, études par Albert Henry [Paris 1979 et 1983]. *RLiR* 48, 260-263.
71. *Géolinguistique*. Bulletin du Centre de dialectologie, Université des Langues et Lettres de Grenoble, vol. I [Grenoble 1984]. *RLiR* 48, 451-453.
72. Kurt Baldinger, *Complément bibliographique au Provenzalisches Supplementwörterbuch d'Emil Levy* [Genève 1983]. *RLiR* 48, 484-485.
73. †Geneviève Massignon - Brigitte Horiot, *Atlas linguistique et ethnographique de l'Ouest (Poitou, Aunis, Saintonge, Angoumois)*, t. III [Paris 1983]. *RLiR* 48, 493-496.
74. Pierre Rézeau, *Dictionnaire des régionalismes de l'Ouest entre Loire et Gironde* [Les Sables d'Olonne 1984]. *RLiR* 48, 496-498.

75. Lothar Wolf, avec la collaboration de Paul Fischer, *Le français régional d'Alsace* [Paris 1983]. *RLiR* 48, 498-501.

## 1986

76. Marius Sala - Iona Vintilă-Rădulescu, *Les langues du monde. Petite encyclopédie* [Bucarest - Paris 1984]. *RLiR* 50, 199-200.
77. Gerhard Rohlfs, *Panorama delle lingue neolatine. Piccolo atlante linguistico pan-romanzo* [Tübingen 1986]. *RLiR* 50, 205-206.
78. Claude Poirier, *Trésor de la langue française au Québec. Dictionnaire du français québécois.* Volume de présentation. [Québec 1985]. *RLiR* 50, 248-253.
79. Étienne Brunet, *Le vocabulaire de Zola* (3 volumes) [Genève - Paris 1985]. *RLiR* 50, 253-260.
80. Jean-Claude Bouvier et al., *Tradition orale et identité culturelle: problèmes et méthodes* [Paris 1980]; Florence Charpigny - Anne-Marie Grenouiller - Jean-Baptiste Martin, *Marius Champailler, paysan de Pélussin* [Aix-en-Provence 1986]. *RLiR* 50, 609-621.

## 1987

81. Françoise Vieillard – Jacques Monfrin, *Manuel bibliographique de la littérature française du moyen âge de Robert Bossuat.* Troisième supplément 1960-1980, vol. I [Paris 1986]. *RLiR* 51, 275-277.
82. Veikko Väänänen, *Le Journal-Epître d'Egérie (Itinerarium Egeriae). Étude linguistique* [Helsinki 1987]. *RLiR* 51, 564-567.
83. Colección Marca Hispánica [Barcelona]. *RLiR* 51, 587-588.
84. Gaston Zink, *Phonétique historique du français* [Paris 1986]. *RLiR* 51, 598-605.
85. André Bothorel – Péla Simon – François Wioland – Jean-Pierre Zerling, *Cinéradiographie des voyelles et consonnes du français* [Strasbourg 1986]. *RLiR* 51, 616-623.
86. Gerhard Ernst, *Gesprochenes Französisch zu Beginn des 17. Jahrhunderts. Direkte Rede in Jean Héroards « Histoire particulière de Louis XIII» (1605-1610)* [Tübingen 1985]. *ZrP* 103, 160-162.
87. Frank R. Hamlin – Peter T. Ricketts – John Hathaway, *Introduction à l'étude de l'ancien provençal. Textes d'étude* [Genève 1985²]. *ZrP* 103, 434-442.

## 1988

88. *Actes du XVIIIe Congrès international de Linguistique et Philologie romanes (Trèves 1986),* publiés par Dieter Kremer, vol. V et VI [Tübingen 1988]. *RLiR* 52, 447-448.
89. Léon Warnant, *Dictionnaire de la prononciation française dans sa norme actuelle* [Gembloux 1987]. *RLiR* 52, 524-528.

90. Gérard Taverdet, *Index de l'Atlas linguistique et ethnographique de Bourgogne* [Fontaine-lès-Dijon 1988]. *RLiR* 52, 536.

*1989*

91. R. Alvarez – H. Monteagudo – X.L. Regueira, *Gramática galega* [Vigo 1989²]. *RLiR* 53, 531-534.

## 4. Éditions

1. *Colloque de dialectologie* tenu au Centre de Philologie romane de Strasbourg le 21 et le 22 avril 1956. Texte des communications publié en collaboration avec Paul Imbs (Extrait du *BFLS* 35). Strasbourg, 1957. 128 p.
2. *Orbis*, t. 10, fasc. 1, publié en collaboration avec Rodica Doina Pop. Louvain, 1961. 276 p.
3. *Les anciens textes romans non littéraires: leur apport à la connaissance de la langue du moyen âge. Actes du colloque du Centre de Philologie romane de Strasbourg (30 janvier - 4 février 1961)* (coll. «Actes et colloques», vol. 1). Paris: Klincksieck, 1963. 301 p.
4. *Linguistique et philologie romanes. Actes du Xᵉ Congrès international de Linguistique et Philologie romanes (Strasbourg, 23-28 avril 1962)* (coll. «Actes et colloques», vol. 4). Paris: Klincksieck, 1965, 3 tomes. 1405 p.
5. *Mélanges de Linguistique et de Philologie romanes offerts à Mgr Pierre Gardette à l'occasion de son 60ᵉ anniversaire* [= *TraLiLi* 4, 1ʳᵉ partie]. Paris: Klincksieck, 1966. 528 p.
6. *Études de Linguistique franco-canadienne.* Communications présentées au 34ᵉ Congrès de l'Association canadienne-française pour l'Avancement des Sciences (Québec, novembre 1966), publiées en collaboration avec Jean-Denis Gendron. Québec: Les Presses de l'Université Laval, 1967. 176 p.
7. *Mélanges de Linguistique, de Philologie et de Littérature offerts à M. Albert Henry à l'occasion de son 60ᵉ anniversaire* [= *TraLiLi* 8/1]. Paris: Klincksieck, 1970. 340 p.
8. *Les dialectes de France au Moyen âge et aujourd'hui.* Actes du colloque du Centre de Philologie romane de Strasbourg (22-25 mars 1967) (coll. «Actes et colloques», vol. 9). Paris: Klincksieck, 1972. 478 p.
9. *La linguistique catalane.* Actes du colloque du Centre de Philologie romane de Strasbourg (23-27 avril 1968), publiés en collaboration avec Antoni M. Badia i Margarit (coll. «Actes et colloques», vol. 11). Paris: Klincksieck, 1973. 462 p.

10. *Mélanges de Linguistique française et de Philologie et Littérature médiévales, offerts à M. Paul Imbs à l'occasion de son 65ᵉ anniversaire*, publiés en collaboration avec Robert Martin [= *TraLiLi* 11/1]. Paris: Klincksieck, 1973. 668 p.

11. *Les dialectes romans de France à la lumière des Atlas linguistiques régionaux*. Actes du colloque du C.N.R.S. (Strasbourg, 24-28 mai 1971). Paris: Éditions du C.N.R.S., 1973. 496 p.

12. *Travaux de linguistique québécoise*, tome I publié en collaboration avec Marcel Juneau. Québec: Les Presses de l'Université Laval, 1975. 356 p.

13. *Les français régionaux*. Actes du colloque de Dijon (18-20 novembre 1976), publiés en collaboration avec Gérard Taverdet [Extrait des *TraLiLi* 15/1] (coll. «Actes et colloques», vol. 20). Paris: Klincksieck, 1977. 264 p.

14. *Mélanges d'Études romanes du Moyen âge et de la Renaissance offerts à M. Jean Rychner*, publiés en collaboration avec Charles-Théodore Gossen et André Gendre [= *TraLiLi* 16/1]. Paris: Klincksieck, 1978. 572 p.

15. *Hommage à la mémoire de Gérard Moignet. Mélanges de linguistique et de philologie*, publiés en collaboration avec Robert Martin [= *TraLiLi* 18/1]. Paris: Klincksieck, 1980. 462 p.

16. †Pierre Gardette, *Études de géographie linguistique*. Publiées par les soins de Brigitte Horiot, Marie-Rose Simoni, Georges Straka. Strasbourg: Société de Linguistique romane, 1984. 834 p.

17. Kurt Baldinger, *Die Faszination der Sprachwissenschaft. Ausgewählte Aufsätze zum 70. Geburtstag mit einer Bibliographie*. Herausgegeben von Georges Straka und Max Pfister. Tübingen: Niemeyer, 1990. 1034 p.

18. †Josef Straka, «Přeložil vskutku legendu o Barlaamu a Josafatovi Tomáš ze Štítného?» [«Štítný a-t-il vraiment traduit la légende de Barlaam et Josaphat?»] et «Námitky proti přisuzování staročeských *Knížek o šašich* Tomáši ze Štítného» [«Objections contre l'attribution du *Livre sur le jeu d'échecs* en vieux tchèque à Thomas de Štítné»] (études écrites en 1956 et restées inédites). Recueil *Z kralické tvrze* [De la forteresse de Kralice] 18 (volume daté de 1991), 4-40. Kralice (Rép. tchèque): Musée, 1993.

## 5. Direction de publications

1. *Bibliothèque française et romane*, fondée par Paul Imbs en 1960 et publiée par le Centre de Philologie et de Littératures romanes de l'Université de Strasbourg. Direction depuis 1961. Paris: Klincksieck. 174 volumes parus en 5 séries.

2. *Travaux de Linguistique et de Littérature*, publiés par le Centre de Philologie et de Littératures romanes de l'Université de Strasbourg. Publication annuelle en deux volumes, en dépôt à la Librairie C. Klincksieck, Paris. Direction du tome I (1963) au tome XXV (1987). Depuis, sous deux titres: *Travaux de Linguistique et de Philologie* (dir. Georges Kleiber et Gilles Roques), chez Klincksieck, et *Travaux de Littérature* (dir. Madeleine Bertaud), aux Belles-Lettres, puis chez Klincksieck.

3. *Bulletin des Jeunes romanistes*, publié par le Centre de Philologie et de Littératures romanes de l'Université de Strasbourg, fondé par Paul Imbs en 1960, 22 fascicules parus. Direction du fasc. 2 (décembre 1960) au fasc. 22 (1978).

4. *Brochure-programme du Centre de Philologie et de Littératures romanes*, publication annuelle de 1956 à 1980, 25 fascicules parus. Direction du fasc. 6 (1961) au fasc. 24 (1979).

5. *Revue de Linguistique romane*, de 1980 à 1992 (depuis, dir. Gilles Roques).

## 6. Données bio- et bibliographiques

### 1956

1. Horatiu Borza, «Institut de phonétique de l'Université de Strasbourg». Sever Pop, *Instituts de phonétique et Archives phonographiques*, 164-217. Louvain.

### 1970

2. [Pierre Gardette] «Bibliographie de M. Georges Straka». *Phonétique et linguistique romanes. Mélanges offerts à M. Georges Straka*, 12-22. Lyon-Strasbourg.

3. «Remise des *Mélanges de Phonétique et de Linguistique romanes* à M. Georges Straka [cf. **7, 7**]. Discours prononcés le 30 mai 1970». *CPhR* 15, 103-135. [Paru aussi en fascicule de 44 pages].

### 1971

4. *Remise du doctorat honoris causa de l'Université Laval à M. Georges Straka*, Québec, 1971, 16 p. [Présentation par Marcel Boudreault, 4-9; réponse 9-16].

### 1972

5. C[laude] M[arck], «Docteur honoris causa de l'Université Laval, Monsieur Georges Straka, un infatigable artisan du rapprochement des universités de Strasbourg et du Québec». *Les Dernières Nouvelles d'Alsace*, 22 janvier 1972, p. 24.

*1979*

6. «Dates biographiques et Bibliographie des travaux de Georges Straka». *Les sons et les mots. Choix d'études de phonétique et de linguistique* [cf. **1**, 17], 9-28.
7. «Hommage à M. Georges Straka à l'occasion de son départ à la retraite. Discours prononcés le 22 juin 1979». *CPhR* 24, 181-210.

*1981*

8. Albert Henry, «Présentation de M. Georges Straka à la séance du lundi 7 décembre 1981». *Bulletin de l'Académie Royale de Belgique* (Classe des Lettres), 1981, 493-495.

*1984*

9. Pierre Swiggers, «Georges Straka». *Romaneske* 9/4, 35-45.

**7. Ouvrages et études dédiés à Georges Straka**

*1953*

1. Robert Vlach, *Tu zemi krásnou ... Básně* [«Ce beau pays ... Poèmes»]. Knižnice lyriky [Collection de lyrique]. Stockholm. 32 p.

*1964*

2. Ernest Beyer, *La palatalisation vocalique spontanée de l'alsacien et du badois. Sa position dans l'évolution dialectale du germanique continental* (thèse). Strasbourg: Publications de la Société Savante d'Alsace, 2 vol. 373 et 49 p. [«À ma femme. À mes maîtres MM. Jean Fourquet et Georges Straka»]
3. Albert Henry, «Rutebeuf et Troyes en Champagne». *TraLiLi* 2/1, 205-206.

*1967*

4. Péla Simon, *Les consonnes françaises. Mouvements et positions articulatoires à la lumière de la radiocinématographique* (thèse). (BFR série A, n° 14). Paris: Klincksieck. 380 p.
5. Albert Henry, *'C'était il y a des lunes'. Étude de syntaxe française* (BFR série A, n° 15). Paris: Klincksieck, 134 p. [«À Georges Straka, de Paris 1934 à Québec 1967»].

*1969*

6. Hans-Erich Keller, «lostãnit. Vers une solution de l'énigme». *ZrP* 85, 333-358. [«À Georges Straka, pour ses 60 ans»]

## 1970

7. *Phonétique et linguistique romanes. Mélanges offerts à M. Georges Straka.* Société de Linguistique romane: Lyon - Strasbourg, 2 vol. 479 et 236 p. (62 contributions). [«À Monsieur Georges Straka, pour son soixantième anniversaire, le trentième du début de son enseignement à l'Université de Strasbourg, le dixième de sa nomination comme directeur du Centre de Philologie et de Littératures romanes»]

8. Kurt Baldinger, «Anc. fr. *soi gaier*». *Romania* 91, 227-230. [«À Georges Straka, pour son soixantième anniversaire»]

## 1971

9. Gilles Roques, «La langue de Jonas de Bobbio, auteur latin du VIIᵉ siècle». *TraLiLi* 9/1, 7-52.

## 1972

10. Marcel Juneau, *Contribution à l'histoire de la prononciation française au Québec. Étude des graphies des documents d'archives* (thèse). Québec: Les Presses de l'Université Laval, 312 p.

11. *Bulletin de l'Institut de Phonétique de Grenoble*, tome 1ᵉʳ. [«En hommage à G. Straka»]

## 1975

12. Roland Blondin, *Fonction, structure et évolution phonétiques. Études synchroniques et diachroniques du phonétisme gallo-roman et français* (thèse). Lille - Paris, 676 p. [«À mes maîtres, Pierre Fouché (in memoriam), Georges Straka»]

13. Octave Nandris, «Dialectologie roumaine et dialectologie romane: agents de morcellement linguistique». *TraLiLi* 13/1, 7-30.

## 1985

14. Annie Elsass, *Jean Chapelon 1647-1694. Œuvres complètes (édition).* Centre d'études foréziennes. Saint-Étienne, 396 p. [«À la mémoire de Pierre Gardette, à Georges Straka, à Marguerite Gonon»]

## 1986

15. Gilles Roques et al., «Notes de lexicographie critique, 3ᵉ livraison». *Le Français moderne* 54, 75-95.

*1989*

16. Cesare Segre, *La Chanson de Roland*, édition critique. (Textes littéraires français, n° 368). Genève: Droz, 2 vol. [«À MM. Albert Henry, Jean Rychner, Georges Straka»]

*1990*

17. Pierre Swiggers, «Lumières épistolaires sur l'histoire du F.E.W.: lettres de Walther von Wartburg à Hugo Schuchardt». *RLiR* 54, 347-358. [«À Georges Straka, pour son quatre-vingtième anniversaire»]
18. Germán Colón, «Lexicografía contaminada: a propósito de *martín pescador* y *martinete*». *RLiR* 54, 359-376. [«À Monsieur Georges Straka en amical et déférent hommage»]
19. Jean-Pierre Chambon – Terence R. Wooldridge, «Une source méconnue pour l'étude de l'occitan d'Auvergne au XVIIᵉ siècle: le *Dictionnaire* de Marquis (Lyon 1609)». *RLiR* 54, 377-445 [«À Monsieur Georges Straka pour son 80ᵉ anniversaire»]
20. Max Pfister, «Les éléments provençaux dans les documents asturiens des XIIᵉ et XIIIᵉ siècles». *Lletres asturianes* 41, 7-19. [«À mon ami Georges Straka pour son 80ᵉ annniversaire»]

*1992*

21. Albert Henry, «Langage et poésie. Lecture de *Après le Déluge*». *RLiR* 56, 361-383. [«À Georges Straka, serviteur insigne de la *RLiR*»]

## LISTE DES SIGLES

*BF = Boletim de Filologia*. Lisbonne.

*BFLS = Bulletin de la Faculté des Lettres de Strasbourg*.

*BFR = Bibliothèque française et romane* publiée par le Centre de Philologie et de Littératures romanes de Strasbourg. Paris: Klincksieck.

*BJR = Bulletin des Jeunes romanistes* publié par le Centre de Philologie et de Littératures romanes de Strasbourg. Paris: Klincksieck.

*BL = Bulletin linguistique*, publié par A. Rosetti. Bucarest - Copenhagen.

*ČB = Československý Boj* [Combat tchécoslovaque] (hebdomadaire). Paris (1939-1940).

*CF = La Classe de français*, revue pour l'enseignement du français. Paris: Librairie des Méridiens.

*ČJ = Český Jih* [Le Sud de la Bohême] (hebdomadaire). Tábor.

*ČMF = Časopis pro moderní filologii* [Revue de philologie moderne]. Prague.

*CPhR = Brochure-Programme du Centre de Philologie et de Littératures romanes*. Strasbourg, 1956-1980 (25 fascicules).

*DEAF =* K. Baldinger et al., *Dictionnaire étymologique de l'ancien français*.

*NČ = Nové Čechy* [La Nouvelle Bohême] (revue mensuelle). Prague.

*NM = Neuphilologische Mitteilungen*. Helsinki.

*NŘ = Naše Řeč* [Notre langue] (revue mensuelle). Prague.

*NS = Nový směr* [Orientation nouvelle] (hebdomadaire). Tábor.

*NV = Naše Věda* [Notre science]. Brno.

*Orbis = Orbis*. Bulletin international de documentation linguistique. Louvain.

*Philologica = Philologica*, supplément au *ČMF*. Prague.

*RES = Revue des Études slaves*. Paris.

*RHPR = Revue d'Histoire et de Philosophie religieuses*. Strasbourg.

*RLiR = Revue de Linguistique romane*. Lyon, puis Strasbourg.

*RLR = Revue des Langues romanes*. Montpellier.

*RMAL = Revue du Moyen âge latin*. Strasbourg.

*RomR = The Romanic Review*.

*Sudbohémien = Le Sudbohémien*, organe bi-mensuel publié en français. Tábor - České Budějovice, 1927-1928.

*TraLiLi = Travaux de Linguistique et de Littérature* publiés par le Centre de Philologie et de Littératures romanes de Strasbourg. Paris: Klincksieck.

*TraLiPhi* = *Travaux de Linguistique et de Philologie.* Strasbourg — Nancy. Paris: Klincksieck.

*ZPh* = *Zeitschrift für Phonetik, Sprachwissenschaft und Kommunikationsforschung.* Berlin.

*ZrP* = *Zeitschrift für romanische Philologie.* Tübingen.

**Georges STRAKA**

**Problèmes de chronologie relative**

# PROBLÈMES DE CHRONOLOGIE RELATIVE

La phonétique diachronique, comme toutes les disciplines qui s'inté-
ressent à l'aspect évolutif des phénomènes, cherche à situer dans le
temps, à dater, ceux qui sont de son ressort, c'est-à-dire les changements que les sons du langage ont subis au cours des âges. Mais il est
en général difficile d'établir les époques, même approximatives, des
changements phonétiques. La graphie retarde toujours sur la prononciation. Le rythme des vers, les assonances et les rimes n'en révèlent les
modifications que relativement tard, car les poètes, comme les scribes,
sont des gens lettrés qui évitent tout ce qui est nouveau dans la langue;
tout changement est en effet au début un écart de la norme de l'époque,
c'est-à-dire une faute. Les grammairiens ne commencent généralement à
relever ces fautes et à les reprocher à leurs contemporains qu'au
moment où elles deviennent trop envahissantes. S'il est donc difficile de
situer dans le temps les changements à l'époque littéraire, il est encore
plus difficile d'établir l'âge de ceux qui ont eu lieu à l'époque prélittéraire.

Toutefois, bien plus que les dates absolues des changements il
importe de connaître la succession — la chronologie relative — de
ceux-ci, comme l'avaient déjà reconnu Meyer-Lübke[1] et, après lui, Max
Křepinský[2] et Elise Richter[3].

La chronologie relative des changements, qui est d'essence purement
linguistique, est basée sur l'analyse et la confrontation des changements
eux-mêmes. Étant donné que, très souvent, ceux-ci ne peuvent se
produire que dans des conditions déterminées, leur réalisation dépend
fréquemment de celle de certains changements antérieurs qui, en

---

[1] W. Meyer-Lübke, *Grammaire des langues romanes*, I. *Phonétique*, trad. par
E. Rabiet, 1890, chap. V: «Remarques sur la chronologie des changements phonétiques»,
§§ 635-648, pp. 560, 573; *Historische Grammatik der französischen Sprache*, 1908 (notamment Appendice II, 266-267). — Voir aussi O. Bremer, «Relative Sprachkronologie»,
*Indogermanische Forschungen* 4, 1894, 8-31.

[2] M. Křepinský, «O historické mluvnici románské založené na chronologii» [De la
grammaire historique romane fondée sur la chronologie], *Časopis pro moderní filologii* 3,
1913, 414-426; «Chronologie de la diphtongaison de ẹ, ọ et ę en français», *Časopis pro
moderní filologii* 16 [= *Mélanges Chlumský*], 1931, 55-57; *Romanica* I, Prague 1950;
*Romanica* II, Prague, Académie, vol. 68, 1958. V. aussi son ouvrage *La inflexión de las
vocales en español*, Madrid, Anejos de la RFE, 1923.

[3] E. Richter, *Chronologische Phonetik des Französischen*, Beihefte zur Zeitschrift für
romanische Philologie, fasc. 82, 1934.

revanche, peuvent empêcher diverses autres modifications attendues. La chronologie relative, fondée sur les interdépendances de différents changements dans un idiome donné, est ainsi en mesure d'éclairer mieux que la chronologie absolue fondée sur des attestations, la succession des transformations de cet idiome dans le temps et, partant, sa formation, même s'il ne s'agit pas d'une langue écrite.

Dans nos publications antérieures[4] et dans notre thèse de 1958[5], nous avons rencontré, dans l'évolution du latin au français, plusieurs catégories de rapports chronologiques entre les changements phonétiques et il n'est pas inutile de les rappeler. Les voici.

1° Entre deux changements, ii a pu y avoir un rapport direct en ce sens que le premier changement était la condition du second, autrement dit que le second n'a pu commencer qu'après l'accomplissement ou, au moins, le commencement du premier. C'est le rapport, en français et en espagnol, entre la sonorisation du /t/ intervocalique en /d/ et la spirantisation, voire l'amuïssement de ce dernier, par ex. PORTATA > fr. *portede* > fr. *porteđe* > *portée*, AMATU > esp. *amado* > *amađo*, etc. :

$$^{voy}t^{voy} > d \; \| \; ^{voy}d^{voy} > đ \, (> 0)$$

De même, c'est, en français, le rapport entre la nasalisation des /i/ et /y/ devant consonne nasale en /ĩ/ et /ỹ/ et l'ouverture de ces /ĩ/ et /ỹ/ en /ẽ/ et /ø̃/, puis /ɛ̃/ et /œ̃/ :

$$i^{nas}, y^{nas} > ĩ, ỹ \; \| \; ĩ, ỹ > ẽ, ø̃ \; \| \; ẽ, ø̃ > ɛ̃, œ̃$$

Dans les deux cas, tout simplement, c'est le résultat du premier changement qui a continué à évoluer.

Dans d'autres cas, le second changement n'est pas une continuation du premier, mais il s'agit de l'évolution d'un autre phonème, conditionnée par le résultat du premier changement, ainsi dans CAELUM → *ciel*, il y a eu d'abord la monophtongaison de AE en /ɛ/, et puis seulement la palatalisation de K :

---

[4] G. Straka, «Observations sur la chronologie et les dates de quelques modifications phonétiques en roman et en français prélittéraire», *Revue des Langues romanes* 71, 1953, 247-307; «La dislocation linguistique de la Romania et la formation des langues romanes à la lumière de la chronologie relative des changements phonétiques», *Revue de Linguistique romane* 20, 1956, 249-267.

[5] G. Straka, *Principales tendances de l'évolution phonétique du latin au français. Études de chronologie relative et de phonétique générale et expérimentale appliquée à la phonétique historique du français.* Ouvrage dactylographié, partiellement inédit, déposé à la Bibliothèque Nationale et Universitaire de Strasbourg.

$$ae > \varepsilon \parallel k^\varepsilon \to pal.$$

C'est aussi le rapport entre la palatalisation du /k/ devant /a/ et le changement de /a/ accentué en /ie/ dans CARU → *chier*, CAPRA → *chievre*, etc.:

$$k^a \to palatalisation \parallel {}^{pal} a [ \to ie^6$$

2° Un autre rapport entre deux changements est celui où l'un des deux a empêché l'autre de se réaliser, autrement dit où le second des deux n'a pu commencer à se produire dans la langue, dans d'autres mots, qu'après la réalisation du premier. C'est ainsi que, dans COMITE → *comte*, SEMITA → *sente*, DEBITA → *dette*, AMITA → *ante*, il n'y a pas eu de sonorisation du /t/ intervocalique, parce que /i/ posttonique s'était syncopé avant l'époque de la sonorisation et a ainsi empêché celle-ci de se produire dans les mots en question:

$$\underline{{}^{m,\ v} i}\ \text{postton.}\ \underline{t} > O \parallel {}^{voy}t^{voy} > d^7$$

L'examen de ces mêmes mots nous permet de constater en même temps que la syncope y est antérieure à l'époque des diphtongaisons des voyelles en syllabe libre qui, de ce fait, n'ont pas eu lieu dans ces mots:

$$\underline{{}^{m,\ v} i}\ \text{postton.}\ \underline{t} > O \quad \left\| \begin{array}{l} \mathfrak{o} \to uo^8 \\ e \to ei \\ a \to ae \to e \end{array} \right.$$

Le même rapport chronologique entre la syncope et la diphtongaison (ou plutôt la non-diphtongaison) de /ɔ/ apparaît dans (SANCTI) IODOCI → *Josse* (par l'intermédiaire de *Iodt'i → * Iodtsi → * Jotse), c'est-à-dire:

$$\underline{{}^d o \underline{t'}} > O \parallel \mathfrak{o} \to uo$$

---

[6] Par la flèche nous voulons faire comprendre que le changement n'a pas nécessairement abouti, avant le commencement du changement suivant, au résultat final /tʃ/ ou /ie/, mais qu'il a au moins commencé à se réaliser.

[7] On remarquera que, dans d'autres idiomes d'une même famille, ce rapport peut être inversé, ainsi en castillan et en occitan, où SEMITA → *senda*,

$$\text{voy}t^{voy} > d \parallel \underline{{}^m i}\ \text{postton.}\ \underline{d}^{(<\ t)} > O$$

ce qui nous a fait supposer que la sonorisation était un phénomène plus ancien dans le domaine ibérique et dans le Sud de la Gaule que dans le domaine d'oïl (*TraLiLi* 8, 1, 1970, 309).

[8] La forme *quente* (FEW 2, 940) doit être analogique d'après le cas sujet *cuens*.

3° Une troisième catégorie de rapports est celle où un changement n'a pas eu lieu parce qu'un autre ne s'était pas encore produit. Ainsi dans RUPTA → *rote, route*, APTU → *ate* (FEW 25, 62a) ou dans DEBITA → *\*devta* → *dette*, GABATA → *\*javte* → *jatte*, il n'y a pas eu de sonorisation du /t/, ni de diphtongaison des /o/, /e/, /a/, parce que la simplification des groupes consonantiques primaires et secondaires /pt/ > /t/ et /vt/ (ou /ft/) > /t/ a été postérieure à l'époque de la sonorisation et à celle des diphtongaisons des voyelles en syllabe libre:

$$^{voy}t^{voy} > \text{-d-} \quad \left\| \begin{array}{l} pt > t \\ vt > ft > t \end{array} \right.$$

et

$$\begin{array}{l} e \rightarrow ei \\ o \rightarrow ou \\ a \rightarrow ae \end{array} \quad \left\| \begin{array}{l} pt > t \\ vt > ft > t \end{array} \right.$$

Le même raisonnement est valable pour le rapport entre la sonorisation des consonnes intervocaliques et les diphtongaisons des /e/, /o/ et /a/ d'un côté et la simplification des consonnes géminées de l'autre:

$$\begin{array}{l} ^{voy}t^{voy} > \text{-d-} \\ ^{voy}s^{voy} > \text{-z-} \\ e \rightarrow ei \\ o \rightarrow ou \\ a \rightarrow ae \end{array} \quad \left\| \begin{array}{l} \text{-tt-} > \text{-t-} \\ \text{-pp-} > \text{-p-} \\ \text{-ss-} > \text{-s-} \end{array} \right.$$

Ainsi FISSA → *fesse*, GUTTA → *gote, goute*, CAPPA → *chape*, etc., sans diphtongaison et avec la consonne intervocalique sourde. Là, il est vrai, d'aucuns font valoir que les deux changements auraient pu se produire parallèlement, simultanément:

$$\begin{array}{l} t > d \\ tt > t \end{array}$$

mais alors, on se serait attendu à ce que l'un des deux l'emporte dans tel mot et l'autre dans tel autre, ce qui se passe généralement, quand deux changements sont contemporains[9], or ce n'est pas le cas ici.

---

[9] Sur cette question, voir nos remarques dans *RLR* 71, 1953, 303; *TraLiLi* 2, 1, 1964, 44-45; *ib.* 8, 1, 1970, 309-310. V. aussi J. Pignon, *Évolution phonétique des parlers du Poitou*, 1960, 357-361 ou J. Wüest, *La dialectalisation de la Gallo-Romania*, 1979, 140.

4° Enfin, il se peut qu'un changement ait eu lieu parce qu'un autre, qui l'aurait empêché de se produire, ne s'était pas encore produit, autrement dit, un changement a pu se faire parce qu'il était antérieur à un autre qui en aurait empêché la réalisation. Ainsi, dans FEMITA → *fiente* ou FREMITU → *friente*, il y a eu diphtongaison de /ɛ/ parce que l'/i/ posttonique n'était pas encore syncopé:

$$\varepsilon \rightarrow ie \parallel \underline{m} \, i \text{ postton. } \underline{\imath} > O^{10}$$

ou, dans DEBET → *\*deivet* → *\*deift* → *deit* «il doit», il y a eu celle de /e/ fermé en /ei/ parce que l'/e/ final entre /v/ et /t/ se prononçait encore à l'époque de cette diphtongaison:

$$e \rightarrow ei \parallel \underline{\vee}i,e \text{ final } \underline{\imath} > O$$

ou encore, dans CAUSA → *chose*, CAULEM → *chol* «chou», /k/ devant /a/ a dû commencer à se palataliser dès avant la monophtongaison de /au/ en /ɔ/, cette dernière voyelle ne pouvant avoir d'influence palatalisante sur la vélaire précédente (cf. *corps*):

$$k\underline{a} \rightarrow \text{palatalisation} \parallel au > ɔ$$

Plus de dix ans après nous, Paul Kiparsky[11] a redécouvert les différents types de rapports entre changements phonétiques dont il vient d'être question, et leur a affecté des termes anglais métaphoriques qui font sourire:

1° *feeding*, littéralement «alimentation», rapport entre deux changements dont le premier aurait «nourri», «alimenté» le second, autrement

---

[10] La même chronologie entre diphtongaison et syncope apparaît dans TEPIDU → *tiede*, INTREPIDUS – *INCREMIDUS → encrieme (FEW 4, 77b), \*PEDINU → pienne (FEW 8, 126b; ou influence de *pied*?), ANTEFONA → *antienne* (attesté pourtant tardivement, FEW 24, 657), PHLE(BO)TOMU → *flieme* (FEW 8, 390a), STEPHANU → *Estienne*, FERETRU → *fiertre* (FEW 3, 463; ce dernier mot indique aussi le rapport entre syncope et sonorisation, cf. ci-dessus sous 2). Les mots suivants révèlent la même chronologie, mais on ne peut pas exclure des influences analogiques: *\*ASSEDITA → assiette* (FEW 11, 399b) d'après SEDET → *siet*, GEMERE → *giembre* d'après GEMIT → *gient*, PREMERE → *priembre* d'après PREMIT → *prient*, etc., toutefois QUARERE → *querre*, nulle part *\*quierre* (FEW 2, 1408-1410), malgré QUAERIT → *quiert*.

[11] «Linguistic Universals and Linguistic Change», dans E. Bach — R.T. Harms, *Universals in Linguistic Theory*, New York, 1968, 171-202 et plus tard *Explanation in Phonology*, Dordrecht, 1982, 70 sqq. et 189-197. V. aussi par ex. Theodora Bynon, *Historical Linguistics*, Cambridge, 1977, 126-134 ou Robert J. Jeffers — Ilse Lehiste, *Principles and Methods of Historical Linguistics*, Cambridge (Mass.), 1979, 96-105.

dit, il a été la condition du second; c'est notre rapport n° 1, c'est-à-dire rapport de subordination du second changement au premier;

2° *bleeding*, littéralement «écoulement de sang (ou de sève)», où un changement aurait fait une «saignée» à un autre, c'est-à-dire l'a empêché de se produire; c'est notre rapport n° 2, empêchement du second changement par un accomplissement antérieur du premier, autrement dit empêchement progressif;

3° *counterfeeding*, «contre-alimentation», rapport qui, «dans l'ordre inverse, serait celui d'un *feeding*»; il s'agit de notre rapport n° 3, c'est-à-dire également d'un rapport d'empêchement, mais régressif;

4° *counterbleeding*, «contre-saignée», rapport qui, «inversé, deviendrait un *bleeding*»; c'est notre n° 4, c'est-à-dire accomplissement d'un premier changement librement par rapport à un deuxième qui ne s'est produit que plus tard.

Ces termes n'apportent naturellement aucun éclaircissement aux problèmes de chronologie relative et n'ont que peu d'intérêt; ils ne font que désigner de façon au premier abord obscure des phénomènes clairs en soi et bien connus. En linguistique romane, ces termes ont été adoptés pour la première et la seule fois, semble-t-il, en 1983 par une jeune romaniste espagnole, Carmen Pensado Ruíz, qui a d'abord longuement discuté les divers ordres dans lesquels peuvent se faire les changements phonétiques[12] et a ensuite établi une chronologie relative de l'évolution phonétique de l'espagnol[13] en appliquant systématiquement ces termes, sans les traduire ni paraphraser, aux rapports entre divers changements qu'avait connus cette langue.

Mais fi des étiquettes! d'autant plus que plus d'un changement semble échapper au classement de Kiparsky! Ainsi, sous quelle rubrique devrait-on classer par ex. le rapport qui est donné par la comparaison de VĒNĪ → *vin* et VĒNA → *veine*? Il est évident que la métaphonie de /e/ en /i/ devant /i/ fermé final a eu lieu avant l'époque de la diphtongaison de /e/ fermé libre en /ei/:

$$e[^i \rightarrow i \ \| \ e[ \rightarrow ei,$$

sinon on aurait eu VĒNĪ → *\*vein*.

En fait, tout traitement particulier d'un phonème, conditionné par son voisinage, est antérieur à un changement général non conditionné de ce même phonème, et cela ressort clairement de la comparaison de

---

[12] *El orden histórico de los procesos fonológicos*, Ediciones de la Universidad de Salamanca, 1983, 209 p.

[13] *Cronología relativa del castellano*, Acta Salmanticensia, Salamanca, 1984, 630 p.

CARU → *chier* et MARE → *mer*. On est en effet obligé de reconnaître qu'après palatale, /a/ → /ie/ est plus ancien qu'après non palatale /a/ → /e/, sinon on n'aurait jamais eu en afr. *chier, chievre*, mais tout de suite *cher, chèvre* qui, on le sait, ne sont que des formes plus récentes, issues de *chier, chievre*.

De même, je ne vois pas dans laquelle des quatre catégories on pourrait classer le rapport entre les deux traitements conditionnés de /a/, après palatale → /ie/ et devant nasale → /ai/. Étant donné que, précédé d'une palatale et suivi d'une nasale, /a/ accentué et libre est devenu, non pas /ai/, mais /ie/: CANE → *chien*, CANAS → *chienes* «cheveux gris» (FEW 2, 237), il est certain que l'action d'une palatale sur le /a/ suivant est plus ancienne que celle d'une nasale sur celui qui précède:

$$^{\text{pal}} \text{a}[ \to \text{ie} \parallel \text{a}[^{\text{nas}} \to \text{ai},$$

et il faut donc dresser la chronologie suivante des trois traitements de /a/ accentué et libre en français:

$$^{\text{pal}}\text{a}[ \to \text{ie} \parallel \text{a}[^{\text{nas}} \to \text{ai} \parallel \text{a}[ \to \text{e}$$

Autre exemple: ALLOCARE → *aloer*, mais COLLOCARE → *colchier, couchier*. L'évolution d'ALLOCARE nous apprend que le /k/ intervocalique précédé d'un /o/ prétonique s'est effacé, alors que, dans COLLOCARE → *colchier*, c'est cet /o/ qui, sous l'influence analogique des formes comme COLLOCAT → *colche*, où il était posttonique et de ce fait exposé à une syncope plus rapide, s'est syncopé et COLLOCARE est devenu *\*colcare* avant que le /k/ n'ait pu s'effacer. Sans doute, dans ALLOCARE → *aloer*, pourrait-on parler d'une «contresaignée» entre /ᵒk-/ > O et la syncope de la voyelle prétonique, mais quel est le terme qu'on appliquerait au rapport entre la syncope de la posttonique et l'effacement du /k/ intervocalique? Quoi qu'il en soit, la comparaison de ces deux verbes nous permet d'établir la chaîne chronologique suivante:

$$\text{o postton.} > \text{O} \parallel ^{\text{o}}\text{k}^{\text{a}} > \text{O} \parallel \text{o préton.} > \text{O}$$

Dans laquelle des quatre catégories classerait-on encore la chronologie qui ressort de la comparaison de AVUNCULU → *\*aunclu* → *oncle* et VIBURNA → *viorne*? Elle indique que le /w/ primaire, dans AVUNCULU, s'est effacé devant une voyelle vélaire quand celle-ci était encore au stade de /u/, alors que le /w/ secondaire, issu de /b/ intervocalique dans VIBURNA n'a disparu qu'après l'ouverture de /ŭ/ en /o/:

$$\text{w}^{\text{u}} > \text{O} \parallel \text{ŭ} > \text{o} \parallel \text{b intervoc.} > \text{w} \parallel \text{w secondaire } ^{\text{o}} > \text{O}$$

Ou encore, TUBU → *tou*, JUGU → *jou*, etc., nous apprennent à leur tour que /ŭ/ accentué s'est ouvert en /o/ à l'époque où /-ŭ/ final n'était pas encore ouvert en /o/:

$$\text{ŭ accentué} > \text{o} \parallel {}^{voy}\text{b}^{voy} > \text{w} \parallel \text{w} > \text{O} \parallel \text{ŭ final} > \text{o}$$
$${}^{voy}\text{g}^{voy} > \text{O}$$

Dans l'histoire des langues, les différents types de rapports chronologiques dont il vient d'être question peuvent se succéder ou alterner. Ainsi, en espagnol, la comparaison de CADERE → *caer*, TOTU → *todo* et GUTTA → *gota*[14] révèle la chronologie suivante:

$${}^{voy}\text{d}^{voy} > \text{O} \parallel {}^{voy}\text{t}^{voy} > \text{d} \parallel \text{tt} > \text{t}$$

dont les deux premiers chaînons sont dans un même rapport de «contre-alimentation» que le second avec le troisième, c'est-à-dire les deux premiers inversés auraient abouti à l'effacement du /d/ secondaire ou, si l'on préfère, du /t/ intervocalique primitif, et le second, inversé avec le troisième, aurait eu pour conséquence la sonorisation du /t/ issu du /tt/ géminé. En revanche, dans l'évolution du latin au français, FREMITU → *\*friemete* → *friente*, mais COMITE → *comte*, DOMITU → *donte* «apprivoisé» (FEW 3, 132), alors que MOVITA → *\*mʋoveta* → *\* mʋovte* → *muete* «meute»[15] nous permettent de dresser la chronologie suivante:

$$① \; \varepsilon \to \text{ie} \parallel ② \; {}^{m}\text{-i-}{}^{t} > \text{O} \parallel ③ \; \text{ɔ} \to \text{uo} \parallel ④ \; {}^{v}\text{-i-}{}^{t} > \text{O} \parallel ⑤ \; \text{-t-} > \text{-d-}$$

où, entre les changements 1 et 2, il y a un rapport de libre accomplissement du premier, ensuite entre 2 et 3, celui d'empêchement progressif (*comte*), puis entre 3 et 4, de nouveau celui de libre accomplissement du premier des deux (*muete*), et enfin, entre 4 et 5 (aussi entre 2 et 5), encore celui d'empêchement progressif (/-t-/ reste partout /t/). Mais CUBITU → *\*covede* → *\*covde* → *code* «coude» (et non *\*cote*, ni *\*kœte* ou *\*kœde*), de même que SINAPU → *\*senabe* → *\*senave* → *senve*, indiquent la suite de cette chaîne chronologique:

---

[14] Cf. R. Anttila, *Historical and Comparative Linguistics. An Introduction*, New York - London, 1972, 111.

[15] De même OBICE → *\*ɔvet'ə* → *\*uovet'ə* → *\*uevtsə* → *(h)eusse* /øs/ «esse qui retient la roue» (FEW 7, 262; la supposition d'un croisement OBEX x HELIX → OLEX ne s'impose pas).

⑤ -t- > -d- || ⑥ ᵛ⁽<ᵇ⁾ voy. postton. ᵈᵊ > O || ⑦ o[ → ou → œ
-p- > -b- || -b- > -v- || ⁿ-a-ᵛ > O       ||       e[→ ei

et là, de nouveau, il y a, entre 5 et 6, libre accomplissement du premier des deux, puis entre 6 et 7, empêchement progressif. Ce qui vaut pour /o/ → /ou/ par rapport aux changements antérieurs, vaut aussi pour /e/ → /ei/ et pour les traitements de /a/ accentuée en syllabe à l'origine libre (pour ce dernier, v. ALAPA → *alve, auve* FEW 24, 290a).

Il est certain qu'en confrontant FREMITU → *friente* et COMITE → *comte*, on peut hésiter entre deux interprétations: soit les deux diphtongaisons /ɛ/ → /ie/ et /ɔ/ → /uo/ sont contemporaines et la voyelle posttonique, pourtant dans un même entourage dans les deux mots, se serait syncopée, dans chacun d'eux, à une autre époque, dans FREMITU après celle de la diphtongaison, dans COMITE avant celle-ci; soit cette syncope a eu lieu, dans les deux mots, au cours d'un même laps de temps, et dans ce cas, la diphtongaison /ɛ/ → /ie/ est plus ancienne que celle de /ɔ/ → /uo/. C'est cette deuxième solution que nous avons adoptée dès 1953, car on sait que les voyelles postérieures sont toujours plus résistantes aux changements que les voyelles antérieures et, puis, le roumain ne connaît que la diphtongaison /ɛ/ → /ie/ et non /ɔ/ → /uo/, ce qui fait penser que la première des deux est plus ancienne, antérieure à l'évacuation de la Dacie (271 ap. J.-C.), la seconde, plus récente, peut-être elle aussi en Italie et dans l'Ouest de la Romania, antérieure à cette évacuation, mais pas assez ancienne pour qu'elle ait pu être propagée à temps jusque là. D'ailleurs, cette différence chronologique entre les deux diphtongaisons correspond à une différence semblable entre l'ouverture de /ĭ/ en /e/ et celle de /ŭ/ en /o/, cette dernière n'ayant pas non plus atteint la Dacie.

L'établissement d'une chronologie relative nous a permis aussi de dissocier dans le temps les diphtongaisons des voyelles ouvertes et celles des voyelles fermées (et de /a/), ce qui ressort, sans que nous soyons obligé d'y revenir, des deux dernières chaînes que nous venons de dresser, de /ɛ/ → /ie/ à /o/ → /ou/ (ou /e/ → /ei/).

Dans le tableau qui accompagnait notre étude de 1956 (*RLiR* 20), nous avons classé en une seule chaîne chronologique une quinzaine de changements qui s'enchaînent mutuellement les uns sur les autres, depuis l'allongement des voyelles accentuées libres et la diphtongaison des /ɛ/ et /ɔ/ ouverts, en passant par les diverses syncopes des voyelles posttoniques[16] et la sonorisation des consonnes intervocaliques, jusqu'à la diphtongaison des voyelles fermées /e/ et /o/ et de /a/ et l'effacement

---

[16] Ces syncopes s'échelonnent sur plusieurs siècles selon l'entourage de la voyelle (consonne qui suit, consonne qui précède, et même voyelle finale).

des voyelles finales inaccentuées, or cette chaîne s'étend approximativement du IIe siècle (sinon du Ier) à la fin du VIIe. Les autres changements, tels que l'ouverture /i/ > /e/, /u/ > /o/, ou l'affaiblissement des voyelles finales en /ə/, ou encore les palatalisations, les traitements des vélaires intervocaliques (comme celui dont nous avons parlé ci-dessus), ceux des diverses diphtongues /au/ (latine ou issue de -*awu*, -*agu*), etc.[17], ne s'insèrent pas dans cette chaîne, mais constituent des chaînes parallèles, rattachées parfois par un chaînon à tel ou tel chaînon de la chaîne de base. Dans celle-ci, aucun changement supplémentaire ne semble pouvoir s'insérer. Aussi n'avons-nous pas eu tort d'écrire, non pas que «los cambios fonéticos suceden cada treinta años», comme le prétend Carmen Pensado Ruíz[18], mais que les changements qui sont liés entre eux par des rapports de cause à effet n'ont pu se succéder plus rapidement que ne se sont succédé les générations successives des locuteurs — celles-ci pouvant être estimées, selon Louis Gauchat[19], à une trentaine d'années en moyenne —, et que, plus vraisemblablement, cette succession a dû être moins rapide; Gauchat a bien observé que «les lois phonétiques embrassent plusieurs générations»[20].

Ainsi, les 14 ou 15 changements classés dans une même chaîne chronologique depuis l'allongement des voyelles accentuées libres à l'effacement des voyelles finales devant consonne représentent, si l'on y applique le compte de 30 ans par génération, à peine cinq siècles, et dire, comme Carmen Pensado Ruíz le fait, que, d'après notre théorie, les 125 changements qu'elle a relevés dans l'évolution du latin au castillan auraient demandé 3.450 ans[21] est une déformation caricaturale de notre pensée: les 125 changements en question ne s'alignent pas tous — loin de là! — en une seule chaîne chronologique, pas plus d'ailleurs que les traitements des vélaires intervocaliques et autres changements du latin au français qu'on vient de rappeler ne s'insèrent dans notre chaîne de base.

Dans cette chaîne, certains changements sont attestés — mais pas toujours sur le sol de la Gaule du Nord — et ont été datés plus ou moins approximativement, ainsi la sonorisation du /t/ intervocalique de ca. 400[22] ou celle de /p/ intervocalique du Ve siècle[23], ou encore la

---

[17] V. aussi *TraLiLi* 2, 1, 1964 et *TraLiLi* 16, 1, 1978, 494-495.
[18] *Orden* ..., o.c., 27.
[19] «L'unité phonétique dans le patois d'une commune», *Festschrift Heinrich Morf zur Feier seiner fünfundzwanzigjährigen Lehrtätigkeit von seinen Schülern dargebracht*, Halle, 1905, 175-232.
[20] «L'unité ...», a.c., 230.
[21] *Orden* ..., o.c., 27. En fait, 30 années multipliées par 125 représentent 3.750 années.
[22] E. Richter, *Chronologische Phonetik* ..., o.c., 155.
[23] E. Richter, *Chronologische Phonetik* ..., o.c., 160.

vocalisation de l'/l/ implosive de 677[24], et ces dates fournissent des points de repère précieux[25]. Mais vouloir transformer la chronologie relative en une chronologie absolue en partant de ces dates et en comptant des périodes de 30 années par changement, comme nous l'avons fait suivant en cela les travaux de Max Křepinský est assurément une entreprise périlleuse. Kurt Baldinger l'a bien fait remarquer dès le début[26], mais les auteurs de manuels, au lieu de montrer la méthode et l'intérêt de la chronologie relative, préfèrent attribuer tel ou tel changement à tel ou tel siècle, voire au commencement, au milieu ou à la fin de ce siècle[27].

En observant les changements au cours de l'histoire du français écrit, on constate bien qu'ils ne se sont pas accomplis brusquement, d'un seul coup, dans une seule génération (v. déjà ci-dessus la citation de Gauchat): par ex. celui de /l/ palatal en /j/ a demandé plus d'un demi-millénaire, depuis sa première attestation ca. 1300 jusqu'à l'époque de Littré[28]; l'ouverture de /ī/ en /ē/, puis en /ɛ̃/, commencée dans la langue courante dans la seconde moitié du XIIIe siècle, n'a été généralisée et acceptée à tous les niveaux de la langue que quatre siècles plus tard[29]; oi /we/ > /wa/, révélé vers 1300 par la graphie *Troisbourg* pour *Strasbourg* ne l'a emporté que sous la Révolution[30]; la fusion de /œ̃/ et /ɛ̃/, relevée dans la prononciation populaire vers le milieu du XVIIe siècle et plus tard confirmée en 1821 par le *Petit dictionnaire du peuple* de Desgranges, n'est jusqu'à présent pas achevée[31]; etc. De même, on observe que les changements ne se produisent pas toujours à un même moment chez tous les locuteurs, ni sur le plan diatopique (il y a des différences géographiques), ni sur le plan diastratique (les changements commencent généralement dans la langue populaire avant d'être adoptés par tout le monde), ni même chez tous les locuteurs d'un même niveau et à un même endroit. Enfin, les changements n'atteignent pas

[24] E. Richter, *Chronologische Phonetik* ..., o.c., 240.
[25] Les exemples épigraphiques de la diphtongaison des voyelles ouvertes ne sont pas sûrs: *Niepos* déjà (!) vers 120 à Rome (pourtant à côté de *Nepotis*), *Dieo* en Algérie sous l'Empire (diphtongue conditionnée?), *uobit* pour *obiit* en 419 à Sétif, *meeritis* Algérie sur une inscription antérieure au IVe siècle (*RLR* 1953, 264-265). *Dieci* pour DECEM, dans une charte mérovingienne de 670 est sans doute une faute d'inattention dans la combinaison *dies dieci* ou le témoignage d'une diphtongaison conditionnée devant palatale (exemple rejeté pour d'autres raisons par E. Richter, *Chronologische Phonetik* ..., o.c., 138).
[26] *ZrP* 74, 1958, 449-450.
[27] V. notre compte rendu de G. Zink, *Phonétique historique du français* (Paris, 1986), dans *RLiR* 51, 1987, 603-605.
[28] *TraLiLi* 19/1, 1981, 176.
[29] *TraLiLi* 23/1, 1985, 105-107.
[30] *TraLiLi* 23/1, 1985, 79 n. 41.
[31] *TraLiLi* 19/1, 1981, 183-184.

nécessairement tous les mots concernés à un même moment; ainsi, il a pu y avoir des différences chronologiques entre la diphtongaison dans FREMITU et dans PEDEM, dans MOVITA et dans MOLA, sans que ces différences puissent évidemment être démontrées.

Et pourtant, malgré ces réserves, la succession chronologique des changements du latin au français, telle qu'elle nous est apparue à la suite de nos analyses des interdépendances de ces changements, paraît incontestable. Elle est infiniment plus sûre et plus complète que la succession des changements qu'on peut établir d'après les témoignages fournis par les rares attestations écrites. Mais il faut se rendre compte qu'il s'agit d'une chronologie valable pour les changements dans les mots pris en considération, dans un idiome déterminé (dans notre cas le francien) et dans la ligne évolutive directe qui, du latin, a conduit à cet idiome. Sans doute, dans les autres mots de cet idiome, ces changements ont-ils eu lieu à peu près simultanément, un peu avant, un peu après, et leurs réalisation et expansion ont-elles demandé un temps semblable, plus ou moins long, mais, pour l'époque prélittéraire, nous n'avons et n'aurons probablement jamais les moyens de le démontrer.

# TABLE DES MATIÈRES

ORIENTALISTE, P.B. 41, B-3000 Leuven